5G大数据

BIG DATA

数据资源赋能中国经济

盘和林 邓思尧 韩至杰◎著

中国人民大学出版社

·北京·

图书在版编目（CIP）数据

5G大数据：数据资源赋能中国经济 / 盘和林，邓思尧，韩至杰著．—北京：中国人民大学出版社，2020.7
ISBN 978-7-300-28178-0

Ⅰ.①5… Ⅱ.①盘… ②邓… ③韩… Ⅲ.①无线通信—移动通信—通信技术—影响—中国经济—经济发展—研究 Ⅳ.①F124

中国版本图书馆CIP数据核字（2020）第095684号

5G大数据
数据资源赋能中国经济
盘和林　邓思尧　韩至杰　著
5G Dashuju

出版发行	中国人民大学出版社		
社　　址	北京中关村大街31号	**邮政编码**	100080
电　　话	010－62511242（总编室）		010－62511770（质管部）
	010－82501766（邮购部）		010－62514148（门市部）
	010－62515195（发行公司）		010－62515275（盗版举报）
网　　址	http://www.crup.com.cn		
经　　销	新华书店		
印　　刷	北京联兴盛业印刷股份有限公司		
规　　格	148 mm×210 mm　32开本	**版　　次**	2020年7月第1版
印　　张	7.875 插页2	**印　　次**	2020年7月第1次印刷
字　　数	142 000	**定　　价**	69.00元

推荐序

5G商用开启，数字经济和智慧生活值得期待

近年来，中国经济发展面临的内外部挑战不断增加，经济发展路径也由高速增长向高质量发展转换。与此同时，以数字科技为主导的新一轮科技革命在全球范围内加速演进，全面推动社会生产生活方式向数字化转型，为推动中国经济转型升级及助力新旧动能转换提供重要支撑。这不仅关乎中国经济内生性动力的培育，更关系到长期视角下中国经济稳定发展和国际竞争力的持续增强。

数字经济的快速发展为中国经济增长注入了新的动力源泉。根据中国信息通信研究院《中国数字经济发展与就业白皮书（2019年）》，2018年，中国数字经济规模占GDP比重达34.8%，对GDP增长的贡献率超过2/3；2016—2018年，中国数字经济连续三年保持20%以上的名义增速，高于同期GDP名义增速十余个百分点，为换挡阶段的中国经济提供了重要支撑。

可以肯定的是，数字经济在未来我国的经济增长中，将会

扮演愈发重要的角色，而5G作为数字经济的底层技术之一，其发展不仅会对宏观经济产生巨大的影响，更会为我们的生产生活带来全方位的改变。

作为数字经济时代的重要生产要素，数据与我们以往生产过程中所接触的任何生产要素均有所不同。数据是海量的，可以产出大量的生产力。与此同时，在数据运用过程中，又可以产生海量数据，是可再生、可复制的。有人说，数据是智能时代的石油。5G拥有高速度、泛在网、低功耗、低时延、万物互联和重构安全体系6个基本特点，大数据的应用价值因此得到极大提升。数据在人们生产生活中扮演的角色，将加速从幕后走到台前，从虚拟走向现实，越来越多的个人和企业已经意识到大数据的重要作用。而伴随着5G的逐渐成熟，人工智能、云计算、区块链等新兴技术也将显露出自身的价值。

在eMBB（增强型移动宽带）、mMTC（海量机器类通信）及uRLLC（超高可靠低时延通信）三大应用场景下，真正意义上的智能制造和智慧城市将会呈现在每个人的面前。在本书中，读者们不仅可以详细了解到5G大数据对农业、制造业以及金融业等不同业态的影响，还能对5G大数据时代出现的新应用有一个初步认识，如5G与8K超高清技术结合、5G与AR/VR技术融合、5G与远程教育的应用发展；5G与人工智能、大数据融合，构建车联网，助力无人驾驶；5G与金融科技融合，加速金融行业的数字化转型，打造智慧银行，发展普惠金融。此外，5G大数据如何助力智慧政府建设，实现数字化治理，在本书中亦有所介绍。

当今世界，正经历百年未有之大变局，科技带来的互联互通也在推动世界格局出现重大变迁。2008年金融危机以来，中美两国在数字科技方面遥遥领先，大量科技企业如雨后春笋般崛起，为全球经济增长注入了新活力。特别是中国，虽然科技发展起步晚于欧美，但凭借数字技术，已在诸多领域实现了跨越式发展，助力中国经济弯道超车。

新冠肺炎疫情暴发后，以5G、大数据、物联网、人工智能等为代表的新型基础设施建设，不仅在疫情防控和复工复产中发挥了巨大作用，也让更多的企业和民众接触并意识到数字经济助力生产、改变生活的巨大力量，可以说是“化危为机”的关键所在。

立足当下，随着数字经济的快速发展，中国已成为全球数字化革命的中坚力量。放眼未来，把握数字化转型的全新历史机遇，推动数字化转型的良好发展态势，已从金融、零售、消费等领域，向农牧、制造业等领域加速渗透。这种态势有助于建立开放共享、协同创新的数字经济发展环境，提升我国在全球数字经济领域的话语权和竞争力，亦将为我国经济的高质量发展拓展更广阔的发展空间。

当前，5G 商用已然开启，数字经济和智慧生活将会因此获得怎样的改变，值得所有人期待。本书内容丰富、结构清晰、文笔洗练，适合每一位对 5G 和数字经济感兴趣的读者品读。

沈建光

京东集团副总裁、京东数字科技首席经济学家、经济学博士

目录

第一章　破壳之旅：大数据的前世今生

大数据的缘起

2009年，在美国甲型H1N1流感暴发前夕，谷歌公司的工程师们在国际著名学术期刊《Nature》（《自然》）上发表了一篇关于流感的文章《利用搜索引擎查询数据检测禽流感流行趋势》，这篇文章的背后就是著名的流感预测系统——GFT。

其实，GFT预测甲型H1N1流感的原理非常简单。如果在某一个区域某一个时间段有大量的有关流感的搜索指令，那么，这个地区便可能是流感高发地区。确实，如果一个地区的流感并不严重，那么民众就不会对流感过度关心，也就不会有大量的搜索指令了。事实也证明，谷歌的流感预测准确度与美国疾病控制与预防中心（Center for Disease Control and Prevention，

CDC）的结果非常接近。

让人惊讶的是，GFT 监测并预测流感趋势的过程非常短，有时对相关数据的分析只需要花几个小时的时间。相比之下，CDC 则按照严格的流程进行流感预测，通常需要近两周的时间。

或许，这一切在现在来看并无新奇之处，但你之所以有这种观念，是因为大数据已在你身上刻下了印记！

大数据发展概览

近年来，随着物联网等信息化技术的快速发展，数据规模呈现出爆炸式增长的态势。2011 年，国际数据公司（International Data Corporation，IDC）发布分析报告称，当年全球数据总量为 1.8ZB，此后全球数据总量每过两年就会增长一倍。对于这个数字，你可能没什么感觉，如果我们换一种说法，最近两年产生的数据量相当于之前产生的所有数据量之和，你是不是感到很震惊？

今天，数据增长的步伐没有停止，并且以更快的速度增长，IDC 的报告预测，到 2020 年，全球共将拥有 35ZB 的数据量①。

① 1EB=1 024PB=1 048 576TB=1 152 921 504 606 846 976Bytes；
1ZB=1 024EB=1 180 591 620 717 411 303 424Bytes；
1YB=1 024ZB=1 208 925 819 614 629 174 706 176Bytes；
1NB=1 024YB=1 237 940 039 285 380 274 899 124 224Bytes；
1DB=1 024NB=1 267 650 600 228 229 401 496 703 205 376Bytes.

直观一点说，将 1ZB 的文件往 1TB 的硬盘里装，大概需要 10 亿个这样的硬盘，连起来足够围绕地球两圈半，总重量大概是 50 万吨。

事态的发展证明，IDC 当年的预测还是过于保守了，它在 2018 年发布报告称，全球数据总量预计 2020 年将达到 44ZB，在 35ZB 的基础上足足上调了约 26%。由此产生的“大数据问题”（big data problem）成为学术界和相关产业界的热门话题，人工智能和机器学习也因大数据焕发出新的生机，围绕着大数据及相关技术的研究，开始吸引着越来越多的科学家和企业家。

其实，关于大数据的讨论可以追溯到更早一些时候，2008 年 9 月，《Nature》杂志推出了“Big Data”专刊，开始对持续增长的数据给予关注。当然，另一著名学术期刊《Science》（《科学》）不甘落后，于 2011 年 2 月也推出了自己的大数据板块“Dealing with data”，学者、工程师可以在此交流讨论大数据时代的机遇与挑战。4 个月后，麦肯锡公司在其发布的大数据报告中直接指出“大数据时代已经到来”，这份报告对大数据当时的技术发展和应用领域进行了分析，同时也详细评估了大数据的影响。此后，大数据在全球范围内受到越来越多的关注，比较有代表性的是 2012 年的达沃斯世界经济论坛专门发布了大数据报告《大数据，大影响：国际发展新的可能性》，指出数据已经成为一种新的经济资产类别，就像货币或黄金一样。

美国于 2012 年 1 月率先将大数据研究和发展作为国家的发展战略，其标志是奥巴马政府推出的“大数据研究和发展倡议”(Big Data research and development initiative)。同年 5 月，联合国启动“全球脉动”（Global Pulse）计划，并发布报告《大数据开发：机遇与挑战》（*Big Data for Development: Challenges & Opportunities*），阐述了各国特别是发展中国家在运用大数据促进社会发展方面所面临的历史机遇和挑战，对如何正确运用大数据提出了策略建议。

大数据的定义

尽管麦肯锡公司在很早就宣称人类已经进入了大数据时代，但人们在如何定义或者说是理解这个新生事物上还是存在诸多的问题。维基百科指出，大数据是指利用常用软件工具捕获、管理和处理数据所耗时间超过可容忍时间限制的数据集，显然这个解释看上去并不那么吸引人；麦肯锡公司给出的定义是，大数据是数据规模超出传统数据库管理软件的获取、存储、管理以及分析能力的数据集；高德纳咨询公司（Gartner）则认为，大数据是需要新的处理模式才能增强决策力、洞察发现力和流程优化能力的海量、高增长率和多样化的信息资产。

上述定义均在强调数据量上的变化，但随着人们对大数据理解的逐步加深，大数据更合理的定义应是包括数据集和数据运用的一个广义的概念。毕竟，如果仅从表面上理解，认为大数据就是与传统数据集相比规模更大的数据集，并不能体现大数据的真正价值。正是由于这个原因，现在的人们更关心的是如何去理解大数据而非如何定义，6V① 是对大数据特性的各种描述中被广为接受的一种，即 Volume（规模性，指数据量大）、Velocity（高速性，指数据分析和处理速度快）、Variety（多样性，指数据类型多样）、Value（价值稀疏性，指数据知识密度低）、Veracity（真实性，指数据反映客观事实）以及 Variability（易变性，指数据具有多层结构）。

当然，人们对后 3V 也有不同的理解，但 6V 从数据量和价值两个角度对大数据进行了描述，显得更为精准一些。

数据的由来

不管是定义也好，描述也罢，对大数据的理解，根本在于对数据的认识，因此，想要真正了解大数据，始终离不开对数据的追本溯源，更无法回避人类几千年来有关数据发展的基础。

记录赋予数据意义

《周易·系辞下》有言：“上古结绳而治，后世圣人易之以

① 6V 前经历了 3V、5V 的发展。

书契”，这讲的是结绳记事，也可能是最早的有关数据的记载。为什么这么说呢？因为结绳记事符合数据的两点定义，结绳既是一种信息的表现形式，又具有载体的属性。由此可见，数据一定是一种具有一定形式的能反映信息的东西，这便是人们常说的，记录赋予了数据意义，而正是通过对信息的记录产生了数据。

另外，结绳记事不仅出现在国内的经史子集中，也出现在很多国外的文献资料上，其中，古秘鲁印第安人的结绳方法更是发展得极其完善。它以主绳为载体，系着表示各种事项的小绳子，其事项的表示是通过颜色来区分，如红色代表战争、黄色代表金子、白色代表银子与和平。在此基础上，通过打结表示数字，在他们的结绳规则中，单结表示 10，两个单结表示 20，一个双结表示 100。更令人惊奇的是，古秘鲁印第安人在每个市镇都设置了结绳官，以此来保证结绳方法的统一，这些结绳官会教授并帮助民众结绳与解绳。这给了我们另一个启示，即数据是人类发展到一定阶段的一种必然选择。确实，随着人类社会生产力的不断提升，交往逐渐增多，需要处理的事务也日渐繁杂，单靠简单的交流和记忆已经不足以应付日常生活所需，这也是数据诞生的重要原因。

不过，作为初级的数据，结绳记事的缺陷显而易见，结绳能够表述的意义相当有限，当生产活动更为丰富时，便不再能够满足多样化的需求。出于对多样化的需求，人们对事物表象更加形象的描述相继出现，在岩石、树干、龟甲上开始刻画各式各样的图案。再后来，文字的诞生又演化出更规范的数据形式。但不管数据发展到何种阶段，以何种形式存在，其记录的意义贯穿始终。

数字是最重要的数据形式

在数据发展的历史进程中，先后出现了结绳、图片、文字等多种形式，但最重要的当属数字，以至于今日人类所有的数据形式几乎都可以用数字，或者更简单地讲，用 1 和 0 来表示[①]。我们无法追溯数字的意识是何时在祖先的头脑中形成的，但可以肯定的是，原始人在狩猎时应该本能地认识到，一只兔子是“少”，五只兔子是“多”；一颗野果是“少”，一捧野果是“多”。渐渐地，当“多少”的概念发展得更为精确时，当一只兔子、一颗野果与一个人可以用一个共同的特征联系在一起的时候，数的概念就形成了。

在人类的历史长河中，生活在尼罗河流域的古埃及人创造了十进制象形文数字；生活在两河流域的苏美尔人和巴比伦人创造了六十进制的巴比伦数字；生活在中美洲的玛雅人创造了

① 计算机使用二进制（1 和 0）来表示各式各样的数据。

玛雅数字；生活在黄河流域的中华民族创造了以商代的甲骨文数字和西周的钟鼎数字为代表的中国数字，到唐代前后已形成汉字数字等。而由印度人创造，后来传到阿拉伯和欧洲的符号数字作为后起之秀，凭着其简便、易懂等特点，逐步被全球各民族所采用，成为世界各国的通用数字。

数字的出现为测量和比较事物提供了一种便捷的工具，同时也让更多事物可以采取一种更为简洁的方式来表达。除此之外，数字的出现为与数字相关的事物提供了一个天然序列，为数学的发展奠定了基础。中国古文字学家于省吾先生在《释一至十之纪数字》中认为，“人类之进化，由结绳记事演进为数字之记事，至今蛮夷犹有上古结绳之遗制。然则初有文字，当以纪数字为发轫，纪数字可谓初文中之原始字”。他认为，数字是文字的最初形式，文字和数字的出现，使人类文明真正打破了时间的限制，让信息可以在历史的长河中永久保存。

数据归一

数字的意义不仅在于起承转合，更在于它为数据统一提供了可能，数据世界也因数字经历了从分到合的过程。从结绳记事到图画、文字，再到现代各式各样的记录仪器，数据的形式越来越多，数据不仅包含可以用数字测度的事物，还包括一切我们可以看到和感知到的现象。不过，随着计算机的出现，人类又开始寻找更为简单的记录方法，记录的需求产生了多样的数据形式，而存储和处理的需求又让人类开始思考如何让数据具有同一基底，为此，人类选择了数字，而随着各式各样的数据通过数字的方式被保存，这个过程也有了生动的名称——数字化。

现代科学的发展给人类信息带来更多记录可能的同时，也让数据走向了统一，至此，让我们再次回到数据的定义。英语中“data”（数据）一词来源于拉丁语，有寄予的含义，随着可记录的数据范围越来越大，可存储的数据越来越多，数据逐渐变得立体和具象起来，自然而然地也就成了人类存在的寄予。当记录拥有价值，当记录成为习惯，当数字化让人类可以更加生动地记录我们眼之所观和耳之所闻时，潜在的数据也就蕴含了人类发展的规律，相应的存储技术、数据挖掘和处理技术因而得到了迅猛发展。可以说，一部数据发展史就是一部信息技术的应用史，也是一部发现自然、探秘自然的经验史。

大数据技术的破壳之旅

从数据发展到大数据，量的积累并不是一切的关键，真正将“巨量”数据变为大数据的还是不断发展的科学技术。马克思曾说过，“哲学家们只是用不同的方式解释世界，而问题在于改变世界”[①]。大数据的发展正是这样一个从解释到改造的过程。

数的思考

早在遥远的古代，人类就已经开始了对数的运用，古埃及、古罗马、古中国等文明古国在进行各自的贸易往来、统计计数时，对传统数的运用已然得心应手。古希腊则更进一步，开始了对数的思考。

作为西方文明的起源地，古希腊在很早的时候就已经开始了对世界本原的探索，在这场关于哲学的探讨中，泰勒斯[②]看到了水，阿那克西美尼[③]看到了气，而毕达哥拉斯[④]则看到了数，以“数本原说”为核心的毕达哥拉斯学派也应运而生，并在之后对数的理论、性质、计算等方面都做出了卓越贡献。

毕达哥拉斯学派对数的推崇是人类对数据的最初探索，在之后数千年的时间里，人们对数的探索与理解从未停止，而正是在对数的探索基础上，产生了与大数据相关的技术。

---

① 马克思，恩格斯．马克思恩格斯选集：第 1 卷．2 版．北京：人民出版社，1995：57.

② 约公元前 624 年—公元前 547 年，古希腊哲学家，古希腊七贤之一，米利都学派创始人。

③ 约公元前 588 年—公元前 524 年，古希腊哲学家，米利都学派的第三位学者。

④ 约公元前 580 年—公元前 500 年，古希腊数学家、哲学家，毕达哥拉斯学派创始人。

大数据技术

前面我们提及，仅把大数据看作是一种具有一定规模的数据集是缺乏实际意义的，我们还提到了一个关于大数据的广义定义，此处，我们还要为大数据做一个更一般化的说明：大数据就是数据和相关技术的集合，数据是大数据应用的基础，而技术是大数据应用的手段，二者共同构成了大数据，密不可分，相辅相成。技术的发展推动了数据的生产、采集和储存，数据的爆发也推动着应用技术的不断进步。接下来，我们将从技术的角度来看大数据的发展。大数据的基础技术可以分为：感知采集、处理存储、分析和可视化，其涉及的技术领域包括：传感器、计算网络、数据存储、集群式计算系统、云计算设施、人工智能和数据可视化等。

首先，数据感知和采集。之所以称之为“大数据”，其主要原因是当下人类有了数据感知和采集技术，这些技术使数据来源得到了极大的拓展，使得巨量的数据可以被发现和采集。人们熟悉的互联网和物联网便是这样的技术。近几年，各类传感器和移动终端相继成为大数据感知和采集的来源。中国工程院院士李德毅认为，大数据的主要来源有三个方面：自然界的大数据、生命和生物的大数据以及社交大数据。特别是在当前，作为大数据分析和研究的重点领域，社交数据的来源越来越广泛，社交网络和社交工具的发展加速了数据的生产，也让数据的采集更为方便，通过对社交数据的分析，我们能够更加了解自己，不管是对社会科学的发展，还是对实际行业的应用都具有重要的作用。另外，自然数据和设备生产数据凭借着各式各样的传感器和物联网技术，也成为大数据家族的主要成员，此类数据为更好地指导人类的生产和生活带来了巨大的作用，后文关于农业和工业等方面的分析，多数便是基于自然数据。

其次，数据处理和存储。其实，数据存储的重要性可能远超数据采集，数据采集是发现的过程，提供了使用数据的可能，而数据的存储却是使用的基础。毫不夸张地讲，21 世纪以来，大数据之所以发展迅猛，最重要的原因便是海量的数据能够存储起来以供使用。当然，数据的存储涉及存储能力与存储方法，前者是基于硬件的发展，后者是基于对数据整理的认识，也正是基于这个原因，存储和处理更容易被纳入一个整体。数据的处理和存储在大数据应用过程中扮演了起承转合的角色，因而成为当前最基础和应用最为广泛的大数据技术，最著名的当属 Apache Hadoop 系列开源平台，它主要包括：HadoopCommon，HDFS，MapReduce，Zookeeper，Avro，Chukwa，HBase，Hive，Pig 等子项目。

再次，数据分析。这一部分是最有意思也是最接近价值的部分。说它最有意思，是由于分析不似处理和存储那般机械化。

分析的过程是发现的过程，通过对现存数据的分析，可以揭示不为人知的有价值的规律和结果，辅助人们进行更为科学和智能化的决策。数据分析分为几个步骤，第一步是数据挖掘。简单来讲，数据挖掘就是从已有的大量数据中，提取出有潜在价值的数据的过程。因为初始的数据往往是有噪声的，精确度不高，在实际应用中，类似数据缺失、极端值以及数据生产过程中出现的一些错误，会在很大程度上干扰后续的分析，这也是人们进行数据挖掘时应当注意的问题。目前，数据挖掘已成为多学科联动的技术，它通过在数据库管理系统中综合运用统计和计算机科学的方法，从大数据集中提取出需要的数据。第二步是大数据分析，最为人熟知的是人工智能，包括统计分析、机器学习、自然语言处理、知识与推理等。

最后，数据可视化。这是直接关乎价值的阶段。如果你是一个大数据需求者，摆在你面前的是可视化的数据，你可能并不知道在这之前技术人员经历了怎样的“痛苦”，但你能知道的是，眼前的数据可轻易地了解、感知和满足你的需求。这些数据已不再是密密麻麻的数字，取而代之的是易于理解的图表和图形。数据可视化就是这样一个过程，其目的是将数据的分析结果以可视化的形式表达出来，以便于人们认知和理解，方便用户了解数据中隐含的信息和规律。当然，文件上的东西看似简单，但它其实是一门横跨计算机图形学、人机交互、统计学和心理学的综合学科，如何形象化地展现知识也是一门高深的学问。

技术的属性

前面提到，大数据技术是掌握大数据、利用大数据的一种技术手段，亦是如今我们提到大数据时所表达的真实意义。因为，无论是数的理论还是数据的激增终究只是一种应用前提，并不对大数据进行技术处理，数据不过是储存在介质中的单调符号，技术的支撑是实现数据价值的前提之所在。接下来，我们还需要对技术进行一些更为深层次的探讨。

“大数据之父”维克托·迈尔-舍恩伯格曾提出，“技术的属性是对技术本质的反映，是技术表现出的特殊规定性，技术是由人所创造、人所控制的人类活动的方法与手段，人本身具有自然属性和社会属性，那么技术也同样具有自然属性和社会属性。”①

作为一种技术，大数据技术同样也展现出了自然和社会的双重属性。

首先来看大数据技术的自然属性。大数据技术作为人类认识自然、改造自然的一种技术工具，其自身发展必然要受到内

① 维克托·迈尔-舍恩伯格．大数据时代：生活、工作与思维的大变革．杭州：浙江人民出版社，2013.

部各要素之间的制约，即大数据技术的应用需要遵循一定的规律，这便是为什么大数据技术分为数据搜集、数据传输、数据存储和数据处理，并且按照顺序进行，循规蹈矩，缺一不可。需要提醒读者的是，不要认为技术的自然属性无关紧要，技术的发展也必须遵循其内在的逻辑，因此，自然属性的存在为大数据技术未来的发展指明了道路。

再来看大数据技术的社会属性。一方面，大数据技术由人类开发，受人类支配，在人类社会发展的历程中扮演着不可替代的重要角色；另一方面，大数据的发展与社会生产力的发展相匹配，因此大数据技术也受到社会生产力发展水平的制约，随着生产力的发展而发展。另外，大数据技术还受到了诸如区域、法律、政治等因素的限制。

社会属性的存在使得大数据技术在发展过程中，遇到了数据安全和隐私保护等诸多问题。数据采集设备的发展让人类的生活发生了翻天覆地的大变化，同时也让人们活在各式各样的监管之下。大数据时代，越来越精确的用户信息让传统的加密技术也无能为力，我们对隐私的掌控开始变得不再有力。特别是在技术日新月异的当下，信息安全和隐私保护的法律框架也面临着极大的挑战。在这种情况下，大数据技术的发展不能仅注重利用数据，同时还要考虑如何保护数据，事实上，保护数据便是保护我们自己。

大数据技术的基本属性是其自然属性和社会属性的辩证统一，在自然法则与社会法则的双重作用下，大数据技术在制约中发展，在发展中跨越。一个令人沮丧的结论是，发展的问题可能更多地要交给发展自身去解决。人类近代以来的科学发展给予我们的启示是，在技术发展的初期，我们不能过于畏首畏尾，应对其应用前景多加关注，而对其所产生的问题给予适度的宽容。

第二章　融合赋能：5G 与大数据

5G 的概念及特点

在第一章里我们谈了数据，也谈了大数据技术，大数据之前所具有的特征已经基本介绍完了。随着通信技术的发展，大数据又迎来了新一轮的发展期，5G 将成为大数据发展必不可少的一环。

自 2015 年世界无线电通信大会后，全球通信产业对 5G 的研究和应用逐渐提速，不少公司在正式的 5G 技术标准出台之前就开始了各种技术测试，业内出现越来越多畅想 5G 时代美好生活的声音。而经历了历次通信技术的进步后，普通民众开始期盼互联网和无线通信技术的发展速度更快。很显然，人们已经不满足于 4G 服务，业界的躁动更是勾起了人们对 5G 的好奇心，点燃了人们对 5G 时代的无限期待和想象。

何为 5G

所谓 5G，指的是第五代移动通信技术（5th generation mobile network），是继 2G、3G、4G 之后的最新一代蜂窝移动通信技术。而蜂窝移动通信（Cellular Mobile Communication）指的是以蜂窝无线组网方式，在终端和网络设备之间通过无线通道连接起来，进而实现用户在活动中可相互通信（可与固定电话，即座机相对比）。这种无线组网方式的主要特征就是终端的移动性，并且具有越区切换和跨本地网自动漫游功能。

对于 5G，大家还需了解的是，它有一个法定名称——IMT-2020，即"International Mobile Telecommunications - 2020"。2015 年 10 月 26 日至 30 日，在瑞士日内瓦召开的 2015 年世界无线电通信大会上，国际电联无线电通信部门（ITU-R）正式批准了三项有利于推进未来 5G 研究进程的决议，并正式确定 5G 的法定名称为"IMT-2020"。

当然，我们还需大致了解 5G 的标准制定工作。2G 时代欧洲有 GSM（全球移动通信系统），美国有 CDMA（码分多址）；3G 时代中国也加入其中，从而形成全球的三个标准，分别是欧洲的 WCDMA、美国的 CDMA2000 以及中国的 TD-SCDMA。有意思的是，3G 时代，中国的电信主管部门发放了三张 3G 牌照，分别是上述三个标准（中国移动的TD-SCDMA、中国联通的WCDMA以及中国电信的CDMA2000）；到了4G时代，各方博弈的最终结果是，欧洲的LTE-FDD和中国的TD-LTE成为4G时代全球的两大技术标准。

标准不统一是之前几代通信技术的共同特点，而随着全球化的不断演进，移动设备的跨国使用越来越频繁，不仅如此，跨国或跨地区的通信设备基础设施建设也越来越普遍，标准不统一就意味着更多的成本和资源消耗。拿通信设备制造商来说，在进行相关设备生产时，技术研发和产品设计等可能存在较大的差异。与此同时，标准不统一意味着不能互联互通，这本身也违背了通信技术的发展趋势。

而5G在标准统一上迈进了一大步，由3GPP（第三代合作伙伴计划）主管全球的标准制定。简单来看，3GPP技术规范的制定分为五个步骤，分别是早期研发、项目提案、可行性研究、技术规范和商用部署。在标准制定过程中，每一个参与者各自提出自己的想法，大家一起讨论、修改，最后形成共同的意见。关于5G更为详尽的标准制定过程不是本书的重点，在此不再赘述。不过，需要一提的是，5G建设分为两步，第一步是非独立组网模式NSA，第二步是独立组网模式SA。在NSA模式下，5G依赖于4G网络，不能单独工作，也不能共建共享，在带宽和时延方面的能力很有限，除了满足eMBB（增强型移动宽带）场景外，对 uRLLC（超高可靠低时延通信）和 mMTC（海量机器类通信）等场景无能为力，因此，很多国家推出的基于 NSA 的 5G 服务都是过渡性的。只有等到 SA 阶段，5G 网络的全部特性都可以实现的时候，才算真正进入了 5G 时代。

5G 的六大特点

了解完 5G 的基本信息后，可能大家已经察觉到，5G 将带来一个全球互联的时代。确实，5G 除了标准统一外，还具有诸多新的特点，所有这些为 5G 带来了更广阔的应用空间。

1. 高速度

如果问及 2G、3G、4G、5G 的区别是什么，大多数用户的答案都是网速更快了。在过去，每一代新的通信技术出现之后，给人最直观的体验便是速度加快。确实，随着网络在人们日常生活中的重要性不断提高，民众对网速的要求越来越高，感受也大不相同。如果可以 1 秒下载完《王者荣耀》，谁又愿意多花好几分钟等那个圈圈转个不停呢？理论上，5G 的下行速度可快至 10GB/s，是 4G 的近百倍，且 5G 的基站峰值要求不低于 20GB/s，这意味着你不用担心在万人齐聚的演唱会上无法上传朋友圈，在人流量大的车站发不出去语音。在 5G 时代，因抢带宽而导致的 4G 变 2G 的情况将不复存在。

2. 泛在网

如果说高速度是普通用户最容易感知到的特点，那么泛在网则是5G的一个突出亮点。泛在网就是广泛存在的网络，它以实现在任何时间、任何地点，任何人、任何物都能顺畅地通信为目标。泛在网整合了多样化的信息通信技术，包含了物联网、互联网和通信网等所有已有的网络。当泛在网的目标得以实现时，人类将真正进入万物互联的时代。届时，地下车库不再是网络盲区，小型基站将遍布整个车库，以支持汽车进行自动启停等操作；当人们身处高山峡谷、深山老林等自然环境恶劣的地方时，再也不会因为无法联网而必须绞尽脑汁地寻找有利地形，小型基站的存在让人和所有联网设备可以随时保持在线状态，整个网络资源触手可及。

3. 低功耗

人类发展一直伴随着能源问题，如何解决能源问题也是通信领域不得不考虑的事情，而5G在加速互联的同时还带来了功耗的降低，给了能源问题另一种解答方式。功耗降低的作用在哪里？我们举个简单的例子，不知大家是否还记得，此前，水表和电表的查验方式是挨家挨户查，如今，水表电表的查验都采取一种远程监控的方式。但通常来讲，这些MTC终端可能需要部署在无法供电的地方，电池是这些设备最常用的供电工具。遗憾的是，电池供电极为有限，对于MTC终端来说并不可行，人们迫切需要它们能够满足超低功耗要求，而 5G MTC 终端仅用两节 AA 高能电池，便可提供长达 10 年以上的续航能力。5G 的低功耗也印证了关于发展解决问题的观点，如果人类难以在短时间内在能源方面有所创新，那么在低功耗的道路上走得更远，不失为一种明智的选择。

4. 低时延

低时延看上去有点儿像高速度，简单来说，低时延就是信号从一个终端传输到另一个终端的响应速度更快了，但要注意，这里的速度提高是端到端的。5G 的超低时延使得很多领域看到了转型升级的可能性，比如在工业互联网领域，德国某研究所在 5G 网络下对飞机喷气式发动机所用的扇叶盘进行测试，发现利用毫秒级的低时延能力控制和实时监控生产工艺，可以将打磨时间降低 25%，质量提升 20%；在远程医疗服务中，低时延更能保证治疗的有效性。除此之外，对于像自动驾驶、VR 等对时延有很高要求的领域，5G 通信网络的引入将大大提高生产效率和可靠性。

5. 万物互联

回顾之前的发展，通信技术就是在一步步地走向互联，1G 到 4G 有效地解决了人与人之间的通信，而 5G 则向着更广阔的空间迈进，人与物、物与物的通信成为可能，“随时随地万物接入”也就实现了万物互联。从连接的本质来看，相较于原来孤立的、不连续的连接，万物互联是实时的和全方位的连接。

比如，特斯拉汽车里就有几百个传感器监控汽车运行的情况，并进行行车记录，包括司机有没有握好方向盘，在行驶过程中是不是有使用手机等行为。汽车一旦出现故障，厂家可以马上定位问题的原因，而不需要像其他汽车维修中心那样在修理之前还要花上几个小时去排查故障原因。当然，人们还将目光投向了更遥远的地方，IBM（国际商业机器公司）曾提出“智慧地球”的概念，认为通过把感应器嵌入和装备到全球每个角落的电网、铁路等各种物体中，普遍连接形成物联网，然后通过超级计算机和云计算将物联网整合，最终就能形成“互联网＋物联网＝智慧地球”。

6. 重构安全体系

在大数据技术属性方面，我们曾提到数据的安全问题，5G也面临同样的问题，在实现了更为广泛的人与物、物与物之间的连接后，一旦出现安全漏洞，其所带来的风险将会是系统性的，破坏力将大大增加。我们依然以汽车为例，大家还记得电影《速度与激情》中反派角色操控汽车使得城市混乱的场景吗？在5G时代，如果城市交通系统或是自动驾驶系统被不法分子攻破，可能整条街道甚至整座城市的汽车都将被黑客控制，这种场景简直不堪设想。

在泛在网时代，人与人、人与物、物与物都通过网络连接在一起，牵一发而动全身，所以，为了保证整个泛在网的安全，在构建 5G 网络时，应该首先在底层解决安全问题。即在网络建设之初，就应该加入安全机制，对信息进行加密，对特殊的服务还应该建立起专门的安全机制。随着 5G 的大规模商用，越来越多的安全问题将会逐渐出现，世界各国应该针对安全问题形成新的机制，最后建立起全新的安全体系。

5G 与大数据的融合发展

5G 的出现对于大数据来说，可谓意义非凡。之前，不管是讲大数据的感知采集、存储处理，还是后续的分析、可视化等，都是一个偏静态的过程，但实际上，不管是数据的产生还是存储，抑或是处理都是动态的。在信息大爆炸时代，大数据对通信的要求与对数据处理技术的要求同样苛刻，而这也是为什么巨量数据古已有之，但大数据的采集和使用时间并不长。

5G 助推大数据发展

2019 年 8 月 30 日，中国互联网信息中心（CNNIC）发布第 44 次《中国互联网络发展状况统计报告》，截至 2019 年 6 月，我国网民规模达 8.54 亿，较 2018 年底增长 2 598 万，互联网普及率达 61.2%，较 2018 年底提升 1.6 个百分点；我国手机网民规模达 8.47 亿，较 2018 年底增长 2 984 万，网民使用手机上网的比例达 99.1%，较 2018 年底提升 0.5 个百分点。

这就是移动通信带给大数据的第一个改变——数据量的进一步膨胀。5G 在广度和深度上为大数据带来巨大变化，一方面，5G 通过提升连接速率（相对于 4G 提升 100 倍）和降低时延（达到 ms 级），在单位时间内创造的数据量呈几何级增加。比如，从话费单的角度看，如果维持 50M 一条记录的存储模式，则计费话单条数在单位时间内会提升 100 倍。另一方面，在速度加快的同时，手机上网流量资费水平迅速下降。数据显示，与 5 年前相比，手机上网流量资费水平降低约 9 成。“提速降费”推动移动互联网流量大幅增长，我国用户月均使用移动流量达 7.2GB，为全球平均水平的 1.2 倍；移动互联网接入流量消费达 553.9 亿 GB，同比增长 107.3%，越来越多的用户可以享受到移动通信进步所带来的福利，同时也生产了更多的数据。

第二个改变是，5G 丰富了数据维度和收集渠道。从 1969 年互联网出现至今，仅用半个世纪的时间便席卷了整个世界，渗透到世界的各个角落。互联网的意义在于拉近了人与人之间的距离，让交流不再受制于空间。此后，凯文·阿什顿（Kevin Ashton）教授提出物联网的概念，互联网思维开始覆盖人类的整个生活，我们身边所使用的物品逐渐接入了互联网。人类社会从 4G 时代人与人的连接正在走向 5G 时代万物的连接，从智能手机、智能手表、智能眼镜等穿戴设备，到智能电视、扫地机器人等家用设备，再到智能建筑、智慧城市，无不与互联网息息相关。

一方面，5G 使得单位面积的联网设备数量可以达到 4G 的 100 倍，物联网的感知层将产生海量的数据，人和物、物和物之间的连接所产生的数据类型将突破社交数据的固有格式，将数据维度和体量推向另一个层级。同时，物联网也进一步刺激了大数据的发展，所有通信基础设施的强大，都在为大数据的崛起铺平道路。在可预见的未来，全球数据量将以每两年翻一番的速度增长。随着数据量的增加，大数据系统需要采集和处理的数据也将大大增加。

另一方面，物联网使得数据采集的渠道也呈爆发性增长，无论是汽车、可穿戴设备、智能电视、无人机还是机器人等都是采集数据的渠道。从连接的内容看，5G 将催生出真正的车联网、智能制造、智慧能源、无线医疗、在线娱乐等新型应用和场景。未来，AR、VR 等非结构化数据的比例将进一步大幅提升。

当然，5G 也会对当前的大数据技术和平台提出更高的要求。随着数据体量、种类和形式的增长，物联网、人工智能等领域的创新应用将井喷式涌现，很难有哪一种单一的计算平台可以有效应对如此复杂、多样、海量的数据采集和处理，混搭式的大数据处理平台将成为发展趋势。海量、低时延、非结构化的数据特点将进一步促进数据处理和分析技术的进步，流式处理技术的发展将会是一个明显的变化，如果不对海量的非结构化上网日志数据进行流式预处理，对离线存储的数据进行再处理的成本就会变得很高。在5G通信网络中，有数量众多的终端和传感器，加上边缘计算技术的引入，导致端点和边缘承担的作用愈发关键，数据在这些位置交付，为实时决策、个性化服务或延迟敏感的行动提供了参考。

随着移动互联网的发展，未来，任何OTT（互联网向用户提供各种应用服务）业务面向的客户均为全网客户，不再有地域之间的区隔，因此，外部大数据客户对于大数据平台的需求也是全网的。而诸如车联网、5G切片等业务类型，由于其终端用户会在全国范围内移动，就会要求使用相同的网络环境并获得相同的业务体验，这就意味着无论从核心节点、分布节点还是边缘节点接入大数据平台，都有权限访问全网业务及客户数据。所以，5G时代的企业大数据平台，向外部大数据客户提供"一点接入、全网服务"的能力显得尤其重要。

至此，我们可以肯定地说，5G对于大数据的发展至关重要，它不仅可以提供更丰富的数据，也会满足大数据对时效性、传输速率以及数据量的要求。很明显，5G的这些改变是4G无法企及的，5G 将助推大数据加速发展。

5G 大数据引领数字经济

2013 年被称为中国的“大数据元年”，互联网巨头阿里巴巴自 2012 年 7 月设立“首席数据官”之后，于 2013 年 1 月 1 日提出数据化运营；2013 年 9 月，中关村贵阳科技园在贵阳正式揭牌，拉开了贵州大数据发展的序幕，也奠定了贵州作为国家大数据中心南方基地的重要地位。

事实上，大数据在世界范围内如火如荼的同时，我国政府也认识到了大数据对国家、社会、产业和民众的巨大意义。2014 年，大数据首次写入《政府工作报告》。2015 年，国务院总理李克强首次在《政府工作报告》中提出“互联网+”的概念，同年 9 月，国务院印发《关于促进大数据发展的行动纲要》，大数据发展在我国也正式被上升至国家战略层面。2017 年 1 月，工业和信息化部印发《大数据产业发展规划（2016—2020 年）》。此后，全国多个省市相继发布关于大数据研究与发展的相关计划，各大高校也先后设立“数据科学与大数据技术”等相关专业，意在力促大数据发展，赋能产业革新和智慧生活。

2019 年 12 月 10 日，2019 第六届中国国际大数据大会在北京召开，会上发布了《2019 中国大数据产业发展报告》。根据该报告，截至 2019 年，我国大数据产业的规模已经突破了

8 000亿元，并有望在 2020 年底突破万亿元。当前，全国已经有 17 个省市设立大数据局，获批开设“数据科学与大数据技术”专业的高校达到 283 所，从事大数据研发的专业人才在 2019 年超过 8 万人，研发投入超过 550 亿元人民币。

与此同时，数字经济也在快速发展。中国信息通信研究院发布的《中国数字经济发展与就业白皮书（2019 年）》显示，我国数字经济持续快速发展，2018 年，我国数字经济规模达到 31.3 万亿元，同比增长 20.9%，占 GDP 比重为 34.8%；数字产业化规模达到 6.4 万亿元，占 GDP 比重为 7.1%；产业数字化规模超过 24.9 万亿元，同比增长 23.1%，占 GDP 比重为 27.6%；工业、服务业、农业数字经济占行业增加值比重分别为 18.3%、35.9%和 7.3%。同时，数字经济吸纳就业的能力显著提升，2018 年我国数字经济领域就业岗位为 1.91 亿个，占当年总就业人数的 24.6%，同比增长 11.5%，显著高于同期全国总就业规模增速。可以预见，5G 大数据将引领数字经济的大发展。

5G 大数据赋能发展

在已经到来的 5G 时代，大数据的应用和发展将与 5G 深度融合，或许，天马行空的想象更能吸引读者的关注，但为了让大家更好地了解当前及未来的发展状况，我们还是尽量进行理性描述，尽可能真实地展现变化和场景。下面，我们一起来看看相关行业会发生哪些变化。

首先，农业将迎来巨变。农业直接关乎人类温饱问题，由于我国农业人口庞大，耕地面积又相对稀缺，因此，我国的农业发展长期以来显得散乱无序，难以形成像农业发达国家那样的农场发展模式（当然，目前已经成为行业发展趋势）。而小农耕种的传统模式很难产生规模经济，也很难发生知识外溢，而 5G 大数据可为此提供解决方案，基本可覆盖从决策到种植，再到供销的全过程。以农业生产环节为例，由于长期以来我国农业机械化水平不高，相关技术和理论研究不足，加上发展模式属于小农经济，导致农业生产一直是一个经验活，每家有每家的技巧，又都存在自己的问题。这不仅造成了农业产出地区间的不协调不平衡，也造成了农产品质量参差不齐。在 5G 时代，农民可以通过布置更多的传感器和检测装置，对农业生产各环节的参数有一个定量的了解，加上获得信息比之前更快速、更高效，能够让农业生产变得更加科学，进而让传统农业生产摆脱笨重、劳苦的固有印象，让这个历史最为悠久的行业变得更有时代特征。

再来看工业。工业是实现国家现代化的关键，我国工业发展水平较高，制造业规模处于全球第一的位置，但也存在创新能力不足、能源消耗较大的问题。当然，创新不可能一蹴而就，但任何一次时代的革新都是一次新的发展机遇，中国在 5G 领域紧跟发达国家的步伐，甚至在某些方面全球领先。5G 大数据带给工业最突出的变化是信息化、数字化和智能化，随着 ERP（企业资源计划）、PLM（产品生命周期管理）等信息化系统的部署完成，工业的数据采集能力不断增强，数据处理手段不断丰富，管理方式也随之由粗放式管理逐步转为精细化管理，进而大幅提升企业新产品的研发速度和设计效率。

同时，在工业互联网大潮下，企业数据已扩展到更大的范围，相关用户数据以及行业数据也成为重要的数据分析素材，相应地，数据分析技术的不断发展让不同类型的数据信息都被纳入一个整体，更好地实现企业的协同管理。此外，精细化管理也代表全流程管理，即注重产品的全生命周期，通过对产品全生命周期数据的采集和分析，实现产品生产、品质与供销的整体性提高。在此理念下建立的全生命周期的数据结构，提高了企业应对突发状况的反应能力，加快了对市场需求的响应速度，数据利用也更为有效。

接下来看看金融业。5G 大数据对金融业有着相当重要的作用。比如，在分秒必争的市场买卖中，及时、精确的数据分析与公司的收益密切相关。之前，华尔街德温特资本市场公司就通过分析全球网民的情绪数据来对股市进行预测，其依据是人们会在情绪高涨时买股票，在焦虑不安时卖股票，通过情绪的预测来决定股票买卖，便能大致预判市场的涨跌。该公司 2012 年第一季度的收益率也证明了这种预测方法的可行性。除了快速的分析决策，5G 大数据带给金融的最大价值在于信息。金融业极其依赖各类信息，或者可以说，金融业就是在利用专业的信息收集处理分析能力赚钱，5G 大数据为金融行业带来全新的信息和技术基础，不管是客户信用画像，还是新金融产品的设计，都会涉及大数据。特别是长期困扰中小微企业贷款难的问题，将得到更为有效的解决，因为金融机构可以通过对贷款企业的各种数据进行收集和分析，快速判断出对其发放贷款是否安全，发放多少额度更为适合。

当然受益的还有医疗行业。医疗与生命科学的相关研究数据更为丰富，人体就像一个小型的生态库，其内含的数据量几乎可以比肩自然数据，种类之多令人咋舌。除了日常身体检测的各项参数形成的结构化数据外，非结构化数据如 B 超、PACS、病理分析等的比重也越来越大。数据表明，一个基因组序列文件大小约为 750MB，一个标准病理图的数据量则接近 5GB，如果考虑病人的数量以及检验频率，数据的量级是非常大的。与此同时，5G 大数据的应用也使得医疗服务开始走向共享，不仅是病患信息共享，还包括医师诊疗的共享。未来，在 5G 的加持下，医疗数据的采集处理会有更进一步的突破，在诊疗手段上也会有新的进步，家庭医疗和远程医疗将越发普遍。

5G大数据带来的改变是方方面面的，除了以上几个领域，5G大数据在政务、商业等领域的应用空间也是非常巨大的。以后者为例，大数据几乎改变了商业的运行模式，经典的沃尔玛“啤酒与尿布”案例便是一个证明。在我们身边的淘宝、京东、拼多多等都有强大的数据分析后台，毫不夸张地说，我们的消费已经逐渐被平台引导，不是我们让自己去消费，而是平台引导着我们去消费。大数据的精准引导功能，在5G时代将会变得更加智能化和个性化。

有句话说得好，未来的事情还是交给科幻小说作家吧。或许，以当前的眼光去讲某一个技术，特别是应用方面，多少显得有些局限。但可以确定的是，随着时代的发展，5G大数据的应用会不断推陈出新，最终展现出来的强大功能会让我们叹为观止。值得一提的是，对于大数据而言，5G终究会融入其中，并成为大数据范畴的一个部分，它的飞速发展也将不再是单独某个技术的贡献了。

第三章　颠覆传统：5G 大数据带来发展新机遇

重建：5G 大数据时代的世界观

尼古拉斯·尼葛洛庞帝[①]说过，渐进思想是创新最大的敌人，面对全新的大数据时代，如果还是拿过去的思想去理解和思考，可能会阻碍科技对社会的推动作用。更进一步说，任何一个新时代的到来，都将迎来思想方式的大变革。为了更好地融入未来的社会和更好地理解 5G 大数据，我们一起来看看科技带来的思维方式变化，继而用新思维去观察和透析社会及经济的变化。

① 美国计算机科学家，他最为人所熟知的身份是麻省理工学院媒体实验室的创办人兼执行总监。

数据即世界

之前我们曾提到，数据是信息的载体，记录赋予数据意义，因此，数据从本质上来说是真实世界的一种映射。如果我们将数据进行大致的分类，就更易于理解。

首先是感知数据，这也是人类最早记录的数据。感知数据指通过眼睛、耳朵和皮肤等感觉器官接收到外部刺激，从而产生相关感知的数据。当然不能把感知数据想得太简单了，在日常生活中，人际往来都可以看作是感知数据的来源，因此感知数据便顺理成章地成为人类生活圈的映射。

其次是测量数据。人类与动物最大的区别是能够使用工具，而测量数据正是来自人类对工具的使用。测量数据更具象、更精准，也更客观。如果说感知数据偏向于人际往来，那么测量数据就偏向于自然了。如今，关于测量数据，最有发言权的莫过于传感器，可以说各式各样的传感器让人类拥有了观察更广阔天地的“眼睛”、聆听万物的“耳朵”和感知自然的“皮肤”，这相当于在机器的身上延续了人脑的功能。随着传感器的种类愈加丰富，人类的感知范围也越来越广，许多人类不能或不方便感知、测量的，可通过机械化的“五官”将其准确地数据化，因而，数据所反映的世界进一步扩大。我们可以看到，大至气候的变化、小至细胞的增长以及细菌和病毒的活动，现在都可被人类感知到。

感知数据和测量数据几乎已经能够反映世界的绝大多数运动，但还有另一个数据也同样值得关注，那便是计算数据。我们无法分辨计算数据和测量数据哪个先出现，但计算数据由于其自身的特点，无疑成为数据家族最重要的成员之一。计算数据之所以如此重要，在于它不再是外部世界简单、直接的映射，而是经过人类知识处理的映射结果。比如，气象数据反映了当前的气候情况，但计算数据则让它能够预测未来一段时间的变化。更为特别的是，由于某些数据难以量化，因此感知数据往往并不能给出准确的衡量，这为数据刻画世界带来了不便，计算数据则解决了这个问题，一个很多人忽视的事实便能说明这个问题——资产证券化①。资产证券化的发明是由于计算科技的发展让风险得以精准的量化，使得不同资产的捆绑、评级、销售成为可能。

这便是 5G 大数据时代思维方式的第一个改变，数据不再仅仅是信息，而是世界的直接映射。不管是人际交往数据，还是自然事物和工厂设备的参数数据，抑或是社会科学中难以量化的无形资产，在先进的传感器技术以及不断完善的社会科学研究成果的帮助下，都可以很好地为人类所用。因此，在未来，

① 指以基础资产未来所产生的现金流为偿付支持，通过结构化设计进行信用增级，在此基础上发行资产支持证券。

你看到的数据实际就是世界存在的物质甚至是思想，只不过是以另一种形式出现在你的面前。

预测的效果

人们运用大数据的一个重要原因是获得相关关系，从而指导相应的生产生活。因此可以说，预测是挖掘大数据的意义之所在。这也是过去人类始终保持热情的一个领域，即建立一个“似乎正确”的模型对未来进行预测，然后根据预测的结果对现实施加一定的干预，从而达到一个人类想要的结果。比如占星术，通过观测天文现象、星星的运行轨迹的变化来预测未来，如果是测吉凶，可能的干预便是提前进行保护；如果是测姻缘，可能的做法是牵线搭桥。回顾漫长的人类发展史，人类做过各种尝试，其中有些部分蕴含着一些自然知识和经验积累，但大部分都是一种自我欺骗。

步入近代之后，随着科学技术的发展，人类渐渐认识到，传统预测方法的难度极大，准确度不高，对未来进行科学有据的概率分析才是正道，这便是模糊的预测。如今，人类可以通过收集各大社交平台数以亿计的信息数据，来探寻一些根植于人类心底的行为逻辑，通过对文字、图片、视频等非结构化数据的研究，发现隐藏在其中的人类交往规律。这是一个探寻规律和知识的过程，作为副产品，能对某些相关问题的走向提供一定的参照。

除此之外，模糊还在于素材的使用上。5G 大数据时代的素材是数据，大数据的低价值密度隐含于对数据的使用过程中，人们不要求精准的数据，仅需要满足一定条件的数据即可。这种说法在之前可能是难以理喻的，因为在那个数据收集整理困难的年代，根据统计学理论，由于所能使用的数据量比较少，小样本中的一点点小的偏差便会对结果产生非常大的影响，为了保证数据对所分析的问题具有价值，就必须要求数据有一定的准确率和精确性。简单来讲，大数据赋予人们“以量换质”的权利，可供搜集整理的数据量变多，不同来源、不同格式的数据相互间形成补充，加之大数据技术的发展，对错误有一定程度的容忍，毕竟大数定理证实了，数据量足够大的时候，一些错误对最终结果的影响微乎其微。人们不再需要像大数据时代之前那样，绞尽脑汁地去减少误差，而是可以把更多的精力放在研究上。

正是由于这个原因，人类可以接受的数据也越来越多。大数据价值的意义其实并不体现在数据本身，而是体现在数据的集合当中。由于数据使用量的增大，要求每个数据单位都带来同样的价值是不现实的。因此，接受模糊数据就意味着接受大数据，也意味着接受低价值数据，我们很难从巨量的数据中一眼就看出哪些是有价值的，哪些是没有价值的，因此模糊预测还隐含有平等对待数据的意思。在5G大数据时代，我们应当转换思维，接受混杂，站在高处，对事物进行总体把握。

最后，回顾模糊的意义，5G大数据时代似乎让人类走进了一个更加不确定的社会，但实际上，我们走进的仅是一个对不确定性更具包容性的社会。毕竟，大数据的预测是基于“历史会重演”这样一个基本的原理，利用当下的数据对未来进行预测，会导致预测的结果往往仅适用于短期，“板上钉钉”似的确信无疑将被概率所替代，我们应该将目光从精确性上挪开，放在趋势、方向等字眼上。

数据也有生命

维克托·迈尔-舍恩伯格教授在《删除——大数据取舍之道》一书中，讲述了这么一个情景：珍妮和他的朋友约翰相识20年，但近5年并没有太过频繁的联系，近期有一个会议，他们两个有机会小聚一下。珍妮突发奇想，想要邀请约翰去他们曾经常去的小咖啡馆，但一时忘了咖啡馆的名字，于是她开始一封封地翻阅他们的电子邮件。在翻阅中，却看到了他们曾经发生过的矛盾、说出的伤人的话语和许多不开心的事情，这让珍妮直接打消了再和约翰喝咖啡的念头，也彻底地改变了自己记忆中有关约翰的美好形象。

这是少数的对于数据遗忘的探讨，也是引发我们想多写几句的部分原因。确实，当数据成为世界的映像，当数据成为人类重要的生产和生活伙伴，对数据更感性的探讨也是自然的事情。从前，当人类记录能力有限的时候，我们时常会因为遗忘而苦恼，但当我们记录能力无限时，我们又何尝不为铭记而担忧呢？当数据成为人在数字世界的映像，数据也便具有了“生命”，选择何时删除、何时留存也成了研究数据的重要话题。

就像维克托·迈尔-舍恩伯格教授书中的故事一样，电子社交的兴起，让每时每刻的数据都得到了记录。拿微信来说，删除消息后似乎数据就不在了，但实际上，通过一些简易的数据恢复手段就可以将其复原，数据可以被复制并存储在任何地方。大脑忘却的记忆可以在任何时候被数据所唤醒。“难以遗忘”意味着数据不仅保留了人的善，也保留了人的恶。结绳、纸张甚至是石画都能够被时间带走，而唯独互联网让记忆永存，这样的现实时刻提醒着我们，数据得以永生，真的是我们想看到的景象吗？我们的态度是：只有让数据也保持着代谢，才能营造一个健康且良性的信息生态。

颠覆：5G 大数据时代的方法论

世界观对应着方法论，5G 大数据在给人类思维带来巨大改变的同时，对实际研究也将产生深远的影响，而丰富的 5G 大数据应用场景正是基于思想和方法的共同改变，使得大数据成为数字经济中不可或缺的重要成员。

大数据催生的研究范式

“范式”是个颇具哲学意义的概念，最初由美国著名科学哲学家托马斯·库恩在1962年出版的《科学革命的结构》一书中提出。简单来讲，“范式”就是一种行为规范，我们经常听到的科学范式、研究范式等，其实就是科学家群体所共同遵从的行为方式①。当然，研究范式也不是一成不变的，不同时期、不同背景、不同科技发展程度，范式都有着不同的含义，最新的所谓“数据密集型”其实就是“大数据”范式。

2007年1月，在加利福尼亚州山景城召开的NRC－CSTB（National Research Council—Computer Science and Telecommunications Board）大会上，图灵奖得主、关系型数据库的鼻祖吉姆·格雷（Jim Gray）② 发表了重要演讲：《第四范式：数据密集型科学发现》（The Fourth Paradigm：Data-Intensive Scientific Discovery），提出科学研究的第四类范式，之后数据密集型这个概念开始为人所熟知。

---

① 每个团体都有一定的范式。

② 令人遗憾的是，“数据密集型”范式成为格雷留给世界最后的财富，在会议结束后不久的1月28日，格雷乘帆船消失在了大海上。

现在，让我们回顾过往，比较一下 5G 大数据时代范式的变化细节。人类历史上公认经历了四类研究范式，分别是经验科学、理论科学、计算科学以及今天的数据密集型科学。经验科学也称为“实验科学”，是通过对现实事件的观察，对经验事实进行描述归纳而形成的科学，其基本过程为观察—假设—实验，最为人熟知的便是以伽利略为代表的文艺复兴时期的科学研究，大家还记得中学课本上伽利略在比萨斜塔上做的那个实验吗？

理论科学则更进一步，开始逐渐脱离现实实验，其产生的原因也很简单，随着科学的不断发展，经验科学所要求的现实实验越来越难以完成，因实验条件严重滞后于理论发展，导致很多理论的实验条件受到限制，理论难以被证实。为此，人类按照已有的实证知识、经验、事实、法则、认知去验证假说，而非去证实假说。一些假说后续随着人类科学技术的发展相继得到验证，而那些最终与现实相悖的假说则被新的理论所取代。最著名的代表便是物理学大厦上的那两朵乌云：量子力学和相对论[①]。

计算科学则离我们更近了，简单来说，它就是利用电子计算机对科学实验进行模拟仿真，进而对复杂现象进行模拟仿真，

---

① 1900 年 4 月 27 日，英国著名物理学家威廉·汤姆生（即开尔文男爵）在英国皇家学会发表了题为《在热和光动力理论上空的十九世纪的乌云》的演讲。

推演出越来越多的复杂现象，典型案例有模拟核试验、天气预报等。

这三种范式都有共同的特点，那便是都没有摆脱实验科学的模式，都经历了观察—假设—实验这一过程，无非是最初观察的手段和方法、假设的提出以及最后的实验设计有所不同。实际上，千百年来，人类的研究都同属因果导向问题研究，直至大数据的出现，研究范式终于出现了重大变革。发现问题的方法不再是通过人类的观察，而是基于科学数据的探索，这在前文讲模糊预测时也有所提及。

人类开始从集提问者和解答者于一体变为单纯的解答者，甚至在未来会变成一个外在的观察者。产生这个现象最主要的原因是，人类的数据处理能力已经满足不了人类自身的求知欲望了，我们能够提出A—B之间的关系，但我们还想知道B—C和C—D之间的关系，当数据量扩大，内部包含的问题越来越丰富，而我们很难将所有存在的问题都一一提出，通过数据发现问题可能会成为常态。

相应地，无法感知的问题的出现，也依赖于利用数据去解决，更具体的工作我们留待下文解释。

样本还是整体

所谓的科学研究，通俗来讲就是一个证明的过程，数据密集型不仅改变了发现问题的方法，同时也对解决问题，即证明这个过程给出了新的办法。

我们先来看一个简单的证明。宏观经济学上有很多结论都建立在特定的消费理论上，而经济学发展到今天，经济学家对消费的认知并没有达成统一的意见，围绕着消费理论的讨论依然是经济学研究的一个重点，不少观点在直觉上看来都有合理性，但现实是否如此，研究者需要用到现实的数据。从理论上来说，当我们搜集到了全国范围内所有人的消费数据，那么我们就能够得出影响居民消费较为确切的决定因素，但很遗憾，我们的数据来源并没有那么详尽，更多的是来自随机调查，这也是当前众多研究运用的数据来源。而且，为了使成本最低，研究者总会在进行调查前确定好想要的数据，有针对性地进行调查。而人类的认知毕竟有限，理论更多是建立在已有的知识基础之上，有目的性的调查意味着结果也会有所偏颇，这也解释了为什么经济学家经常就某一问题发生争论，一些人会得出这个结论，而另一些人会得出那个结论。当然，我们不能说这种多样性的结果是有害的，相反，正是学界对于某理论长时间的争论才推动了学术向前发展。

那么，5G 大数据时代这个过程有什么变化呢？最大的变化当属我们不需要为了成本和效率去向样本的选择妥协，在大数据时代，样本即整体。低廉的存储成本，爆炸式的数据增长，更透明的信息披露，使得数据不再像之前那样难以获取。与此同时，数据挖掘、清洗和处理技术的诞生，也让人类有能力进行大数据层面的分析和研究，从而实现“以大见小”。这样的方式还会对研究生态产生影响，香港大学林晨教授在谈及论文写作时曾说：论文的创新一是选题，二是机制，三是数据。

很显然，大数据时代研究所用的数据有可能会趋于同质化，因此，更多的创新会下沉到知识层面，或许这也是技术提升带来的研究层次的上升。当然，大数据还可能已经超越了整体，也就是说，我们可以用全球消费者的数据去研究某一地区消费者的行为，随着更多相关数据的加入，我们不但可以从内部入手研究，还能以一个全局的视角去观察、研究事物的变化。

平等对待数据不代表数据同等重要

随着大数据时代的到来，人类开始接受混杂的数据，开始倾向于模糊的预测，开始放弃直来直去的因果关系和整体与部分的关系。而这一切让我们能够站在全局的高度，不必为了成本和效率去忽略细节，甚至忽略不可知的关键因素。在 5G 大数据时代，通过数据的储存、分析和处理技术对全体数据进行分析，不仅让我们更准确地把握了事物的规律，同时也让我们发现了事物的更多细节，深度和广度都得到了拓展。

大数据的“大”并不是绝对意义上的大（虽然大多数情况

下是这个意思)，我们应当明白的是，大数据的“大”意味着能够完全概括整体的数据，但并不一定是所有的数据。它是一个系统或者一个整体的反映，甚至超出一个整体的反映，但它不是无止境的。因此，我们看待大数据并不是越大越好，而是越全越好，我们希望的是，透过数据能看到更多零碎事物之间存在的联系，而这种联系正是构成众多商业价值的关键因素。这是大数据赋予人类的能力，也是人类应该继续努力的方向，大数据让我们看清世界、让我们的预测更贴近事实，也让我们有更新和更有效的工具，从而更深入和更有效地将以往研究的碎片进行整合和融合。

不过，必须要提醒的是，我们还需回过头来审视大数据时代对人类社会的改变过程，确保我们不至于陷入过度兴奋的情绪当中。

首先，大数据并不只在于规模[①]。我们讲数据即世界，但并不代表我们需要能够得到的全部数据。诚然，在摩尔定律规则下，集成电路的发展呈指数级增长，并且随着设备的存储和计算能力的不断提升，价格不升反降，这在很大程度上推动了大数据的快速发展。但成本的下降不能视为没有成本，在大数据的运用过程中，我们依旧需要保持经济学的头脑，用最低的

---

① 邬贺铨．大数据思维．科学与社会，2014，4 (1)：1—13.

成本来换取最大的收益。大数据看似是“大”在规模，实际上是“大”在价值，重视意义永远比重视规模更加重要。比如，在一个天气晴朗的上午，用于农业气候检测的传感器，使用者并不要求它汇报每秒钟的数据，对于较为平稳的天气状况，每分钟的数据就已经完全够用了，甚至有时还可以只采集每小时的数据。而以秒、分钟、小时分别收集的数据之间却差了 60～3 600 倍，这种差距对于设备而言，负担是巨大的。强调衡量数据收集处理上的成本收益也给了我们这样的启示：大数据的运用给予我们的是一个近乎无限收集处理的能力，但究竟怎样用，需要结合具体的应用场景。比如，在金融市场上，即使以秒为单位进行数据处理，也会让我们损失惨重。

其次，平等对待数据并不代表数据同等重要。平等对待数据是一个从未知向已知的过程，而对数据的价值发现，是一个由浅入深的过程。5G 大数据时代给了我们发现和处理问题的新范式，因而我们尽可能地收集详尽的数据，以察觉其中的蛛丝马迹。但若从另一个视角来看这个问题，我们就会发现，如果是以已知的理论进行数据搜集，我们一定会赋予数据不同的权重。还是拿农业气候检测的数据来举例：在一个多晴朗天气的地区，使用者对晴朗天气数据的渴求就会明显低于其他天气，使用者更希望得到多样的数据，以支持农业更好地发展，因此，如果一年当中 80％的时间都是晴天，那么其他天气数据的重要性就显得格外重要。其实，价值不平等是大数据一个非常重要的特点。大数据的 6V 描述中有一个特点叫价值稀疏性，指的是在巨量的数据当中，仅有部分数据是具有研究意义的，但想要得到其中有意义的数据，就必须把所有的数据都拿到才可以，至于如何筛选和赋权，那就得交给专业人员了。

最后，当相关关系替代了因果关系，理论的重要性更为凸显。很多时候，人们强调，大数据时代让我们摆脱了因果关系，但其表达的意思是相关关系具有更简易的使用方法、更直接的商用价值。比如，那个沃尔玛“啤酒与尿布”的著名案例，假如沃尔玛的决策团队遵循的是以往超市摆放商品的方式，如此经典的案例很可能就不会出现了。很显然，从直觉上来说，男性购买婴儿尿布和购买啤酒这两种行为之间并不存在明显的关系，因此，按照理论分析得出两者相关是一件很困难的事。但既然数据显示了两者的相关性，那么一定存在一个并未观测到的现象，使得男性在购买婴儿尿布时会购买啤酒。只不过，在探究这个问题的内在关联时，不如按照大数据揭示的那样来赚钱更有吸引力。

因此，一个简单的观点认为，在 5G 大数据时代，从商业应用的角度来看，大数据分析的结果已经成为企业制定生产经营策略的重要参考，而企业的核心目标是实现利润的增长，所以，企业在分析和挖掘数据时的核心任务，是找出哪些经营策略与利润增长具有更强的相关性，至于这些经营策略为什么能使得利润增长，两者之间的因果关系怎样，并不是企业特别关心的问题。

但必须指出的是，这样的想法是不对的，或者说是短视的，及时利用数据显示的相关关系进行价值创造固然无可厚非，但完全抛开背后的理论知识，则有可能让企业在下一轮浪潮中处于下风。即使我们跳出了实验证明理论的固有思维，也并不意味着理论对价值的指导作用不存在。对于尿布和啤酒的研究，或许可以得到对男性消费的更深层次的理论，不仅可以更好地指导超市的经营，也可能会改变相关产品的设计生产环节，从而带来更大的价值。因此，大数据确实实现了“从数据到价值”的直接的商业范式，但也仅仅是在应用上跨过了形成理论这个步骤，人类发展的一切成果，最终还是要沉淀为承载知识的理论。

第四章　数据活农：5G 大数据能给农业带来什么

大数据让农业变得更聪明

如果问到中国对世界最大的贡献是什么，1 000 个人有 1 000种回答，但我们特别欣赏其中的一个答案，就是养活了世界上 1/5 的人口。古人有云：食色，性也。作为人类温饱之源和生存的根本，农业是一切生产生活的基础。几千年来，农业在中国的历史发展进程中一直占据着重要地位。改革开放后，我国农业发生了翻天覆地的变化，农业生产能力逐年提高，农业产业结构不断优化，农业生产方式发生了深刻变革。这一切都离不开各级政府的正确决策以及日新月异的科学技术。

从原始农耕到现代农业

距今 170 万至 1 万年前，在经历了漫长的进化过程后，人类的祖先终于褪去动物的模样，开始在广阔的大地上驰骋。当然，彼时的他们仍然保留着与动物相似的生存方式，通过采集和狩猎来获取食物。但人类在季节更替、自然灾害或是猛兽病虫侵扰面前还是显得过于弱小，先民们群聚而居，开始了对稳定生活的向往，农耕生活逐渐成为主流。

回顾历史，从一万年前的刀耕火种，到五千年前的轮荒耕作制度，农业不仅养育了人类，也孕育了人类文明。

农业的发展经历了从原始农业到传统农业再到“石油农业”、现代农业的过程。铁质农具和畜力为人所用是农业的第一次转变，标志着原始农业开始向传统农业过渡。春秋战国时期，随着我国社会制度由奴隶社会向封建社会演变，农业生产也开始从粗放型转向精耕型，农民这个职业也形成了。人们在长久的耕种过程中不断积累经验和知识，学会了使用排泄物等天然的有机物质给土地施肥，学会了修建水利工程来灌溉田地，甚至学会了利用自然界相生相克的关系来进行病害虫防治，减少农作物所受到的伤害，以及如何在植物种植的过程中筛选出优良的种子和植株，提升农作物的品质和产量。

蒸汽机的轰鸣带来了工业革命，几乎同时发生的还有农业的再次变革。而随着工业革命的不断演进，以石油作为动力的农业机具以及以石油衍生品为原料的化学肥料与农药，开始被用于农业生产当中，这也是这一时期的农业被称作“石油农业”的原因。

工业革命带给农业的最大变化，是促使农业生产出现越来越多的新动力，催生出拖拉机、收割机等一系列性能优良的农业机具，同时，自然科学的发展也推动了基础农业科学的形成与推广，开始为农业提供知识动力，在技术指导下，农业诞生了全新的生产方式——嫁接、配种，甚至是基因改造①。伴随着农业机械化水平的提高以及理论知识的不断积累，农业管理系统愈发完善，农业生产的社会化程度也有很大提高。自给自足的农业生产被高度专业化、商品化、集约化的生产所替代，农业生产过程同加工、销售以及生产资料的制造和供应紧密结合，形成了农工商一体化的产业链。从学会利用自然到改造自然再到今天的尊重自然，人类始终致力于打造和谐的农耕体系。

农业的发展史就是一部农业革命史，农业革命随着人口增长、土地减少和技术发展而不断产生新内容。回首过往，农业生产一直是人类文明演化过程中亘古不变的主题，对于每个时代顶尖的技术变革，农业都为其提供了最广阔的试验田。“石油

---

① 基因改造还存在很大争议。

农业”的兴起至今也不过一二百年，而技术的进步在农业上的应用已经呈现出前所未有的速度，而今，新一轮变革又再次悄然而至。

农业发展的方向

经济学上最有趣的概念是稀缺，意指人类对现实永远不会满足，正因为如此，人类才得以长久地发展。科技也是如此，人们不断增长的需求驱动着科技的发展，相应地，农业生产方式也不断发生变革。回顾新中国成立以来对农业需求的变化，能够让我们更好地理解5G大数据如何赋能农业发展。

1949年，我国粮食总产量为1.13亿吨，以16.5亿亩的播种面积计算，亩产68.48公斤，以当时5.4亿总人口计算，人均粮食占有量为209.3公斤，而当时联合国粮农组织公布的温饱线是人均280公斤，我国的粮食产能还远未达标，因此，提高粮食产量是当时农业生产的首要任务。

提高粮食产量需要关注两个方面，一是要素端，二是生产端。在要素端，我国大规模垦荒，开辟新耕地，研发繁育优良种子，兴建水利设施，扩大灌溉面积；在生产端，我国提高农业机械化程度，解放人力和畜力，从国外引进先进化肥生产技术，提高化肥产量。在生产要素与生产方式的有效结合下，我国农业生产力得到了较大提升。到1984年，我国粮食总产量达到 4.07 亿吨，较 1949 年上升 260%，将人口增长因素考虑在内，人均粮食占有量也达到 392.84 公斤，比 1949 年上升 88%。进入 21 世纪，我国农业发展不断进步，2018 年，粮食总产量为 6.58 亿吨，人均 472 公斤。

随着民众温饱问题逐步得到解决，我国农业生产开始延伸出新的主题。农业是国民经济的基础，保障粮食安全和农业的可持续发展不仅是中国，也是世界其他国家的首要问题。为此，在 1985 年，国务院环境保护委员会就发文提出发展生态农业。随后，我国多个地区开始实施区域性生态农业试点，成为我国农业现代化发展的新方向。生态农业还不是农业现代化的全部，合理解决民众日益增长的物质文化需求也是其重要的组成部分。

目前来看，我国农业发展存在三大问题。首先是农业生产资源的硬性约束。由于城市化进程的加速以及农村基础设施的完善，我国耕地面积正在以每年 20 万公顷的速度减少，再加上人口规模的提升，目前我国的人均耕地面积不到世界平均水平的 1/2，虽然耕地总面积位居世界第四，但人均面积却位列百名之后。

土地的减少只是一个方面，务农人口的减少也同样是个问题。城市化进程的加快使得城乡差距逐渐增大，相比农业“靠天吃饭”的性质，多数出生于农村的中年人和年轻人认为在城市中打工更加稳定，收入也更加可观，因此不愿意继续从事农业生产。不过，值得注意的是，与耕地面积减少有所不同，从长远来说，农民数量的减少对于农业生产的影响倒不是很大。随着生产技术的进步，未来的农业生产并不需要那么多的农民，因此数量减少是一大趋势，这一点将在后文详细讨论。

其次，传统农业生产方式对环境破坏严重。农业生产对环境的影响主要体现在资源浪费与环境污染两方面。作为世界第一大化肥消费国，我国的化肥使用量占到世界总量的1/3，化肥生产不仅能满足国内需求，还能对外出口，特别是“一带一路”沿线的发展中国家，正在成为我国肥料产业国际合作的先导区。据估计，化肥投入可以占到我国粮食生产能源物资投入的30%～40%，较高地区甚至可达一半，然而我国化肥利用率仅有35%，比发达国家低10～15个百分点，过量施肥、不当施肥导致我国每年损失大量肥料。农药的使用也呈现出相同的问题，作业方式不合理导致农药的有效利用率仅有20%～30%，不仅造成极大的资源浪费，还直接造成水资源和环境污染，给食品安全和人类健康埋下隐患。因此，寻找合适的化学肥料、农药使用量和使用方式是农业需要解决的问题。

再次，消费者对于农产品品类和品质的要求也在不断提升。随着种植技术的突破以及人们生活水平的提升，消费者对于农产品的需求已经不同于以往，跨地域、跨季节的需求开始增多。如今，即使在寒冷的冬日，形形色色的热带果蔬在北方居民的餐桌上依旧可见，过去的“冬吃萝卜夏吃姜”的习惯也开始逐渐摆脱时间和空间的限制。温室大棚不仅能让各式各样的蔬菜和水果在异地他乡健康生长，就连成熟时间也能灵活控制。而一些有心者推出的观光农业，可以满足“吃货”们对于农产品生长的好奇心，农业生产逐步摆脱“下里巴人”式的固有印象。不过，消费者的欲望是无穷的，他们不仅要求吃的种类多，吃的品质好，吃得更安全，还有各种新奇的想法。

不可否认，是消费者对农产品不断提升的需求推动着农业一步步走向现代化，这就带来了一些值得深入思考的问题：未来，农业供给如何持续增长？农业生态如何保证绿色健康？农产品质量如何进一步提升？农民收入如何稳步提高？直接一点说，增加农业产量已经不是人类应该关注的唯一问题，面对新时代所面临的全新挑战，什么样的科技能再一次帮助人类突出重围？答案是，5G＋大数据。

种什么：获取有效的市场需求信息

2018 年，云南的咖啡获得大丰收，而农民们却高兴不起来。作为我国咖啡的主产地，全国 95％的咖啡都产自这里，2011 年，咖啡价格达到每公斤 30 元，许多种植户借此机会添置了汽车，盖起了小楼，而 2018 年的咖啡价格每公斤却只有 10 多元。随着人工费和肥料价格等成本的不断上涨，本就薄利的咖啡种植更是雪上加霜，咖啡种植户从添车盖楼变得连基本生活都难以维持。这不只是种植户的问题，产销危机已扩散至产业链。咖啡采摘之后，要送到专门的工厂进行粗加工，随后再卖给采购商，而今，位于同一条产业链条上的农户和公司的日子都不好过，工厂厂房堆满了咖啡，企业也为如何打开咖啡的销售渠道而焦头烂额。

这是农业生产中典型的“丰产不丰收”问题，而由此导致的“粮贱伤农”更是让农民的生活痛苦不已，一旦生产出来的农产品滞销，可能让农民一整年的辛苦全部付诸东流。之所以出现这种现象，与农业产业结构不够合理有很大的关系。长期以来，一家一户的传统经营模式在我国农业生产中始终占主导地位，这种经营模式一个最明显的特点就是信息生产能力低下。信息生产是一个高成本的工作，特别是农业生产的家庭经营模式容易造成“免费搭车”的现象，因此，农民并不会主动去搜寻与种植相关的详细数据。除此之外，个体农户也很少为信息付出高昂的费用，这就很容易造成种植信息严重滞后于市场实际需求的情况。

没有信息的支撑，农业生产与消费需求就会产生错位，从而无法形成种植与市场的高效对接。因此，解决信息生产的问题是首要任务。过去，农民确定当年种植什么的依据是往年的销售情况。以往年份市场上什么东西受欢迎、卖得贵，农民就种什么。但这样的做法被证实是不经济的，供需关系告诉我们，供给大于需求的时候价格就会下跌，农民的扎堆种植就会造成这种后果，这就是比较有意思的蛛网模型①。其次要解决的问题是如何根据信息做出准确预测。很多农业生产有很强的地域性、季节性和周期性，即使是行业专家可能也只在某一领域有所建树，很难做到对全局的了解，就更不必说文化水平本就不高的大多数农民朋友了。结果是消费者得不到满足，农民收入也受到影响，最终挫伤了农民的生产积极性，造成增产不增收。以上两个问题是农业生产的头号杀手，也是影响农民增收的主要障碍。

大数据的出现可有效缓解这两个问题。首先，大数据由专门的技术公司负责收集分析，充分利用了规模经济，降低了信息生产成本，并且通过集体销售的方式有效避免了“免费搭车”现象。其次，大数据平台实现了对消费者行为更为准确的洞察，包括消费动机、消费喜好和产品评价等，在海量数据的基础上，农业生产和市场需求得到有效结合，农业生产者可以更好地掌握市场需求和用户偏好，及时调整农业生产配置，提前规划生产，缓解目前小农户与大市场之间存在的矛盾，加快推进小农现代化，实现跨越式发展。

---

① 蛛网模型提供了一个清晰的相互作用视角，有兴趣的读者可以继续深入学习。

大数据不仅从消费行为偏好洞察到市场需求，同时也通过市场预测了价格，这对于指导农产品的投入有着重要的作用。回到开头的例子，云南的咖啡产量仅占世界总产量的1.7%，在国内咖啡主要依靠进口的背景下，云南咖啡的定价不仅与国内的供求关系有关，而且还需综合考虑世界咖啡总产量与货币之间的汇率关系，这也从侧面显示出了如今的需求预测与价值预测是一个大数据的工作，而不再是家庭或者地区性的工作了。大数据帮助农民精确刻画消费需求，也能通过农业大宗产品期货预测价格走势，从源头上降低农业生产风险。

用数据说话：创造农作物最佳生长环境

“锄禾日当午，汗滴禾下土”，这首人人耳熟能详的诗，深刻揭示了种地是个“体力活”，但我们想要说的是，如今，种地不仅是个“体力活”，更是门“手艺活”。解决了种什么的问题，接下来就要研究应该怎样种。老农人种地往往凭借经验，什么时候该浇水、什么时候该施肥，作物生了什么虫、害了什么病，都是历代积累、传承下来的经验。但很明显，这种传统种植方式存在着诸多局限，就像制作中餐时，厨师常说的盐巴、味精和酱油适量一样，凭经验也就意味着水肥、农药、病虫防治等都不定量，从而导致产量不稳定的现象。

大数据的出现改变了当前的状况。其实，农业生产过程中所产生的数据是非常丰富的，包括环境气象数据、土壤成分信息、动植物生长与生理参数、病虫害分布要素等，获取并分析这些数据可以帮助农民了解农业生产的一般规律，为之后的生产活动打下良好的基础，在数据指导下的种植将生长环境控制在最适宜的条件下，将资源精准投放到有需求的地方，一方面可以减少浪费，另一方面可以尽可能地避免污染。

具体而言，传统的土壤养分检测需要人工从田地中取回土壤样本，经过烘干等前期步骤再进行成分鉴定，不仅成本高，耗时长，也不能满足即时性检测需求。在国内外科学家的研究成果中，借助电磁波原理或时域反射仪原理可以测度土壤水分，借助红外技术通过土壤或叶片的反射光谱可以直接或间接评估土壤肥力，利用离子选择场效应管可以测得土壤中的矿物质含量，利用土壤导电率测度水、盐、有机物、酸碱性等指标。通过对数据的汇总，我们可以得出实时的土壤情况，让种植变得更加聪明。

除此之外，大数据还可以帮助农民更准确地掌握农作物的生长信息。一是利用农作物的大面积长势信息，研究植被生长发育的一般规律，对长势做出估测，对产量提前预判。例如，利用卫星遥感数据反演植被覆盖指数，以此检测小麦等主要农作物的长势。二是近距离观测农作物的长势信息。例如，一些发展中国家开始应用的叶绿素计，可以方便地测量农作物的氮素情况，作为确定施肥时间和化肥用量的依据，不仅成本低廉，而且适用于小规模农业生产。遥感和传感器等技术方式共同搜集的信息实现了对农作物生长监测的“点面结合”，指标丰富、数据量大、精确度高，足不出户就能刻画出农作物生长的全景图。

大数据的作用不仅仅在于监测，还在于浓缩为知识和系统。农业种植少不了农业专家和科研机构，大数据技术将农作物种植的相关数据集中起来，方便研究者进行对比分析，从而加深对农业种植的认识和理解。研究人员还可以进一步将知识固化为模型与算法，从而形成一套智慧农业系统。在农民种植的过程中，智慧农业系统可以根据系统搜集的农作物数据，为农户提供水肥计划、病虫害防治措施、灾害预警等解决方案。反过来，系统运转过程中形成的完整生长记录，无论是农作物生产过程溯源，还是形成案例库供其他农户参考，都能发挥极大价值。

从“菜园子”到“菜篮子”：农产品与消费者实现最快匹配

人在哪里，生意就在哪里。要将凝结了劳动者辛勤劳动的产品变为可以在市场上销售的商品，即实现商品到货币的惊险一跃，渠道是关键。在很多行业，掌握了新的渠道便把握了成功的命脉。对于普通劳动产物是如此，对于农作物更是如此。如今，农产品的种植早已不仅仅在增量上下功夫，更是衍生出了抢“鲜”大战的分赛场。

传统的农产品流通市场可以根据物流地点分为三类，第一类是靠近农产品产地的产地批发市场。产地批发市场将农户分散种植的农产品汇集在一起，然后再发往全国各地，我们所熟知的山东寿光蔬菜批发市场就是一个典型的例子。第二类是中转地批发市场，顾名思义就是解决物流和二次分销问题的市场。第三类是销售地批发市场，实现大宗商品从批发到零售之间的转换。从产地到中转地再到销售地之间的流通，构成了农产品从田地到餐桌的主干道。道路搭建好了，如何提速呢？第一是提高匹配速度，第二是减少流通环节。因此，无论是流通主干道还是分支小路，都需要大数据为我们清除路障。

从本质上来说，无论是产地批发市场还是销售地批发市场，起到的都是集散作用，那么，如此之多的农户、零售商和普通消费者，一个市场是怎样将他们连接起来的呢？各主体分布广、信息流通不畅，农户与零售商、消费者之间的匹配，不仅要花费更多的人力和物力，还要浪费大量时间，而“时间就是金钱”这句话在农产品上表现得尤为突出。

农产品运输环节越多、时间越长，成本就越高、鲜度就越差，其利润必然随着新鲜程度的下降和成本的提高呈断崖式下降。在纪录片《大数据时代》中，经过对行驶偏好、所在区域以及车辆类型进行精准刻画之后，冷链车的司机通过货运大数据平台匹配到一单运输胡萝卜的生意，跨越 2 000 公里将 27 吨胡萝卜从厦门运往重庆，整个过程仅仅花费 47 小时。无论是销售信息还是物流信息，大数据平台的出现都提升了整体匹配速度，减少了因信息不对称而产生的时间成本。

在减少流通环节方面，近几年兴起的“农超对接”是一个很好的例子。农超对接就是农户和商家直接签订协议书，农户向超市、卖场、便利店直接供给农产品的销售模式，其产生初衷就是为了减少农产品的流通环节，降成本，提效率。然而在我国，农超对接的一大难点是大市场与小农户之间的矛盾①，超市和单独的农户谈判，其交易成本可想而知，大数据此时自然又有了用武之地。

不过，就算数量匹配了，质量又怎样保证呢？这便是农超对接的第二大难点。如果不能保证农产品的稳定质量，与其和农户直接签订购销合同，商超不如直接到批发市场上选购品质更佳的农产品。农产品受气候、病虫、肥料等多种自然与非自然因素的共同影响，不同农户之间、不同年份之间，农产品质量难以维持在同一水平，提前签订合同的不确定性大，不如在

① 问题的原因还是在于家户型农业生产方式。

农作物上市之后到市场上直接购买。大数据赋能下的精细化农业种植不仅有利于提升农作物的品质和销量，更加有利于将农作物的品质维持在稳定的水平，使农超对接更加方便快捷。

事实上，有了大数据的支持，超市可以不完全依赖于过往经验来评估消费者需求，利用大数据预测消费者需求更加准确，通过需求预测遴选供应商，按照需求定制货源，超市知道买什么，农民知道种什么，让“卖得快”与“种得对”相互促进。至此，在大数据的支持下，农产品从生产到销售形成了一个高品质、高效率的良性闭环。

大数据让农民应对突发状况更从容

农业在大灾面前永远都是脆弱的，一场天灾就能让农民一年的劳动化为乌有。2020 年初，受新冠肺炎疫情的影响，在享有“蔬菜之乡”美誉的寿光，大批果蔬面临滞销。正值春节，原本是蔬菜瓜果成熟大批上市的时候，突如其来的疫情使全国各地出现了不同程度的运输困难，外地商户面对菜农直接下单的数量陡然下降，而这恰恰是这里的菜农销售农产品的主要方式，好在电商平台的爱心助农活动让事情出现了转机。

淘宝在早先就推出了助农十项措施，其中包括开通“爱心助农专线”，专门收集农产品滞销信息，并在淘宝上建立助农特卖专区，通过将农产品销售信息推送到消费者面前，缓解传统渠道受阻问题。同时，平台也呼吁政府部门配合，为农产品销售开辟专门的绿色通道。通过多措并举，农产品的滞销问题得到了有效缓解，甚至还有一些农产品从“滞销”变成了“脱销”。

互联网和大数据不仅解决了农户的燃眉之急，也给更多农户带来了长远的思考。2020 年疫情造成的滞销情况一出现，农业农村部也快速做出反应，收集了 23 个省份近 1 000 家农民合作社的蔬菜类产品供应信息，全国首个滞销农产品实时查询大数据平台迅速上线，通过大数据技术获取全国范围内农产品滞销信息，再通过产业互联网重新链接供应链中的各大要素，在很大程度上提高了流通效率。

与其临渴掘井，不如未雨绸缪，在灾害发生之前有所预测并采取预防措施应是农业种植的最佳状态。知己知彼才能百战百胜，对于病虫害的防治也是这样。2020 年的东亚蝗灾便是一例，在周边国家饱受病虫害侵扰之时，我国却安然无恙。实际上，早在 20 世纪 30 年代，我国最早进行昆虫学研究的学者蔡邦华就曾经运用气候图法对三化螟和飞蝗发生区域进行预测，时至今日，我国已经形成了从中央到省市再到乡镇的完善的病虫害预测体系。

中国农业大学与企业联合研发的“农业病虫害远程诊治及预警系统”，建立了一个病因、病症、病名以及治疗方案的通用模型，使用者通过录入病症，知识库诊断出病名，根据病名找到病因，最终给出治疗方案，这一切都是以对海量数据进行数据挖掘，并找出最优数据挖掘算法为基础的。该系统不仅能够实现网上问诊和远程诊断，还能通过互联网实现全天候诊断以及预警服务。与之类似，吉林农大开发出的玉米病虫害诊治专家系统，同样汇集了海量玉米病虫案例和专家诊治知识经验，建立包括文字、图形、声音和视频信息在内的多媒体知识库，最终实现人机交互。

5G推动农业数字化

科学家预测，到2050年，世界人口将超过90亿，粮食需求量相应提升70%，与粮食需求提升形成鲜明对比的是农业种植人口的下降。以我国为例，1980年，我国农村人口数量超过9亿，几乎全部参与农业种植，总共生产出4亿吨粮食。而到了2018年，我国农村人口数量下降至7亿，而农业种植人口数量仅为4亿。1960年，一位美国农民生产的粮食能够养活26人，今天，这个数字是155，到2050年，每位农民生产出的粮食将能够满足265人。

随着经济发展水平的不断提升，人类对于食物品类与质量的要求也会随之提升。无疑，粮食产量和质量的持续提升一直是世界农业所面临的问题。从经济学的产出方程来看，产出需求的提升和生产要素劳动力的下降非常令人担忧，但从技术角度考虑这又是极其合理的，以新的生产要素形式出现的现代科技，为实现这一目标提供了有效的解决方案。根据新古典增长模型，虽然实际农业种植人口在减少，但科技进步提升了有效劳动力数量，也就是极大地改善了劳动力的效率。

拼多多创始人黄铮曾经表示：5G技术、物联网和人工智能的发展，将在未来几年时间内给各大行业带来革命性的变化。事实上，农业领域更是如此。随着5G的大规模商用，行业供应链环节的信息获取和交互速度将达到新的层次。无论是农产地的一棵果树，还是稻田里的一株稻苗，抑或是运输在途中的咖啡，都能随时随地尽在掌握。

如前文所述，大数据给农业带来了从生产、管理到市场销售全流程的变革，它不仅是生产要素，也改变了我们解决问题的思维方式。但具体到怎样获取更多更精确的数据，怎样让数据信息迅速转化为解决方案，怎样将解决方案实时应用，都离不开通信技术的发展，5G对于大数据技术在数量和速度上都给予了加成，5G＋大数据真正让农业生产实现了实质性的飞跃。

获取实时数据

5G商用以来，以浙江和广东为代表的省份就开始尝试将5G应用到智慧农业当中。2019年6月，位于浙江省温州市瑞安市曹村镇的 120 亩稻田实现了 5G 信号全覆盖，浙江省内首个“5G 田”随之诞生。

与传统稻田中竖起的是稻草人不同，“5G 田”中竖起的是一个个约 2 米高、自带太阳能帆板的设备，这便是“5G 田”的“核心武器”之一——农田数字采集站。在 5G 高传输、低时延的网络下，采集站收集土壤含水量、酸碱度、营养成分等大量信息，可以快速、稳定、精确地传送至云端，继而经云计算处理和大数据分析便可生成稻田的“体检报告”。当“体检报告”呈现在电脑屏幕上时，农民通过看屏幕便可以掌握田间稻苗的健康指数，比人工巡田所发现的信息更多、更准。在拿到“体检报告”后，如果需要进一步体察稻苗情况，人工操控甚至是具备人工智能的机器人便派上用场了。几乎就在“5G 田”建立的同一时间，福建发布了首款人工智能 5G 机器人，这些“人”可在农田中自由穿梭，并且能够更近距离地“观察”作物的生长状况，头顶和下巴配备有测风速风力、二氧化碳、光合辐射、温度和湿度的传感器，而 5G 通信技术的加持实现了农业生产环境的智能感知和实时采集，而这一切在 4G 时代是很难实现的。

不仅是种植业，畜牧业也是如此。让我们把目光投向英格兰西南部小镇，在这里，政府资助建立了农业工程精密创新中心，180 多头奶牛安静地在牧场里吃草、歇息，表面看来它们与其他奶牛并没有区别，但事实上，每头奶牛的脖子上和耳朵上都有一个特别的物件——5G智能项圈和健康监测耳标。这些依赖于5G技术的项圈和耳标可以采集生物识别数据，并将数据传输给相关人员，从而可以远程监控牛群的健康状况。利用5G高传输、低延时的特性，牧场工作人员不仅能够快速精准地定位到奶牛的位置，还能掌握每一头奶牛的健康状况，利用网络监测奶牛的数据，知道它的活力程度。如果奶牛的活力值下降，5G智能项圈和健康监测耳标便及时提醒工作人员关注，这头奶牛可能出现了某些问题，尽早发现问题，及早解决问题，有效减少经济损失。

智能化的农业管理

传感器数据的采集与发送还只是5G发挥的第一个作用，而建成一个从采集到分析处理再到智能运用的闭环系统才是5G＋大数据的终极目标。具体环节如下：

1. 自动喷洒

当传感器与电脑的组合能够自动生成“体检报告”，传统的喷洒工作将上升为自动化工程，“体检报告”让工作人员可以更方便地掌握田间稻苗的健康指数，并且比人工巡田所发现的信息更多、更准。当“体检报告”的指标显示需要除虫，工作人员便可使用无人机向稻田中喷洒生物制剂。农用无人机飞行速度快，喷洒效率比以往高出至少 100 倍，规模作业能够达到每小时 120～150 亩，大量节约农药和水资源使用量，更可避免人工喷洒对作业人员的伤害，安全性得到有效提升。未来，屏幕前的工作人员可能都不需要了，工作人员的指令将被人为设置的临界参数所替代。

2. 自动收割

谷物流量传感器、颗粒分离损失检测传感器、作物密度传感器、气压传感器、谷物质量传感器、秸秆杂物比例和碎粒传感器、姿态传感器、GPS 传感器……一个机械竟然周身遍布传感设备，农民只要坐在家中通过软件发布指令，联合收割机就可以按照指定路径收割庄稼并运往仓库。在 5G 的加持下，各种精细化数据在极低的时延下得到收集处理，作物不仅在最小的损失下被收割完成，其产量分布、水分含量和损失量等信息也一并统计完成。

在 5G 环境下，机械化和自动化的耕作方式将大幅提高精确度和效率。不仅是种植业，畜牧业也同样受益。

前文提到的奶牛 5G 智能项圈，不仅能够帮助农民实现远程监控，还在远程自动化操作上提供助力。将智能项圈与自动挤奶系统相连，当项圈数据显示需要挤奶时，挤奶系统便会引导奶牛进入工作区域，对奶牛的位置进行更加精确的定位之后，机械臂将会自动为奶牛挤奶，然后还顺便完成后续一系列的奖励性喂食等操作。除此之外，根据天气情况与奶牛的最佳舒适状态，养殖区域内的通风系统可以自动调节开关，当奶牛需要进食时，自动投喂系统可以投放饲料。如此多的仪器设备联网便是5G的一大应用。

有研究显示，牛奶的产量和质量与奶牛的心情有很大关系，因此除了日常的喂食、挤奶等基本工作之外，项圈还能检测到奶牛何时需要挠痒痒，从而通过操纵自动选装刷辊帮助奶牛清洁身体，让奶牛保持良好的精神状态，全程都无需工作人员参与。可想而知，如果通信技术不够先进，不但奶牛的心情不会好，可能还会变得烦躁，流出来的奶品质也会受到影响。

全流程可视化生产

除了如何种、如何养这些与农民有关的活动外，农业的发展还需要互动，可视化便是其中最重要的一种互动形式。近些年来，走进各大高校的食堂，我们可以很轻易地从壁挂电视上看到内厨的工作状况。作为“吃货”，我们不仅要看到食品怎么做，还要看到原材料是怎么种的。特别是在安全观念越来越强的当下，民众对食品安全的要求越来越高，我们不希望“地沟油”、“苏丹红”咸鸭蛋，三聚氰胺“毒奶粉”、“瘦肉精”、“毒豆芽”等恶性食品安全事件再次发生。为此，重构食品安全信心是农业发展的重要一环，而重振信心不仅需要时间的催化，更加需要科技的助力。

对于长周期的农业生产来说，让消费者吃得放心的最佳办法，莫过于将农作的种植过程全方位地展示出来。4G 让视频直播走进我们的生活，5G 将让直播从一种娱乐方式逐渐演变成为一种必备的生产方式，让食品安全从“农业＋可视化”中找到解决方案。

“可视化农业”主要是指依靠互联网、物联网、云计算以及雷达技术与现代视频技术，将农作物或牲畜的种植或饲养手段、生长过程等呈现在公众面前的一种模式。从前，消费者只能通过农产品包装上的简易说明了解到该产品的产地、生产者、保质期限等基本信息。有了可视化的生产方式，消费者可以随时打开网络观看农作物的种植过程，了解到农作物从播种、浇水施肥到农药检测、加工配送直至交付到客户手中的全过程，消费者和生产者之间可以迅速建立起信任关系，既解除了消费者对食品安全的顾虑，也打通了农产品销售渠道，让好产品卖出好价钱，甚至也可能出现“农产品可视化带货”。

其实，可视化农业的概念早在 2011 年就已经出现，但这种生产方式却一直没能在现实中普及。究其原因，技术瓶颈所带来的高成本是其中的重要因素。直播种植过程不是仅仅需要一部手机、一个支架那么简单，摄像头、传感器以及各种自动化设备是必备的硬件设施。此外，要生成农产品的质量溯源档案，还需要记录作物生长的环境数据以及图片、视频等大量数据，对软硬件设施以及通信技术要求高，花费的成本也高。高成本自然拉低了农产品收益，使这项技术一直得不到实际应用。5G 商用之后，不仅在技术上取得了突破，随着应用场景的丰富，其成本也将继续下降。

当然，可视化不仅能满足消费者的好奇心或者对食品安全的诉求，还可在很大程度上促进农业的远程作业项目，例如远程会诊。远程会诊本是 5G 在医疗行业的突出应用，目前国内多地已试水基于 5G 网络的远程会诊。在 5G 时代，远程会诊、远程手术将日渐普及，这一技术也在农业生产中找到了极佳的应用场景。

农业生产范围广、规模大，农作物出现病虫害或牲畜出现疾病，也像普通病人一样需要就诊，但受限于农民朋友的种植养殖经验和专业知识，不能独立及时应对农业生产过程中动植物的“健康问题”。因此农业领域的远程会诊甚至治疗，在缓解农业种植养殖知识匮乏方面发挥着重要作用。5G 具有大带宽、低时延、高可靠性的优势，使图像和音频传输无须担心卡顿问题，能大幅提升诊断准确度，让专家与农民真正实现“零距离”交流，甚至能够打造远程操作的场景，在技术层面为农业远程医疗提供强有力的支持。

2019 年 1 月 19 日，福建一名外科医生利用 5G 技术实施了全球首例远程外科手术。医生利用 5G 网络，操控数十公里外一个偏远地区的机械臂进行手术，成功切除了一只实验动物的肝脏。在 5G 时代，远程医疗能够真正做到实时同步，大大提高诊断甚至手术的效率。

当然，可视化还有更加广泛的应用，比如为农民提供直播教学服务，VR、AR 种植养殖等等，可有效解决我国农民分布广、地理位置偏远、专业知识有限等问题。从更深层次来看，5G 还能在物联网与云计算两个维度为智慧农业助力，一方面，专家远程问诊与教学可以将农业设备与药品有效统一起来；另一方面，广泛的案例积累可将数据影像资料储存在云端，当同样的问题再次发生时，可大大节约解决问题的时间与成本。

总之，在 5G 大数据时代，农业生产不仅能大幅提高生产效率，还可以让农业生产变得更有趣，成为让人羡慕的传统“新”行业。

第五章　随数而造：5G 大数据赋能制造业

工业为何需要大数据

据媒体报道，当年英国在遭受金融危机和欧债风暴影响之时，英国前首相布莱尔曾向德国总理默克尔询问经济成功的秘诀，默克尔悠悠地回答："我们至少还在做东西。"

制造业是一个国家经济的主体，是一个国家综合实力的体现。新中国成立 70 年来，尤其是改革开放以来，我国制造业持续快速发展。工业增加值从 1952 年的 120 亿元增加到 2018 年的 305 160 亿元，按不变价格计算，增长 970.6 倍，年均增长 11.0%。正所谓无农不稳，无工不强，无商不富，农业保障了中国亿万人口的温饱，商业激活了整个社会的资产，而工业则真正实现了中国从富起来到强起来的跨越。

我国制造业的国际地位

新中国建立伊始，国家便非常重视工业的发展，1949—1978 年，我国的重工业迎来了爆发，虽然在此过程中也走了不少弯路，但总体来看，改革开放前工业的发展对我国工业产业布局以及未来发展都打下了坚实的基础。

回顾改革开放至今的制造业发展，我们会发现几个特点：一是十一届三中全会确定的道路给我国带来了经济奇迹，短短二十年间，工业产值翻倍。二是产业发展结构发生了变化。1980 年后，优先发展重工业的战略得到调整，开始向产业均衡发展过渡，同时，开始逐步引导外商投资，更充分利用国外市场。三是实施区域发展倾斜战略，沿海地区有天然港口优势，方便开展国际交流，个体经济在政策上得到鼓励和支持，民营、外资企业在制造业中的地位逐渐提升，同时形成了珠三角、长三角和环渤海经济圈三大重点工业区域，我国的工业产业格局基本形成。

从 1997 年开始，我国开始了新型工业化道路的探索，党的十六大报告提出："坚持以信息化带动工业化，以工业化促进信息化，走出一条科技含量高、经济效益好、资源消耗低、环境污染少、人力资源优势得到充分发挥的新型工业化路子"。2010 年，我国制造业的规模首次超过美国，跃居世界第一，美国制造业长达 114 年的霸主“宝座”易主。自 2010 年超过美国之后，我国一直保持着全球制造业第一大国的地位，2011 年中国工业的增加值是美国的 1.21 倍、日本的 2.35 倍，2012 年超过欧盟所有国家的总和。2017 年，中国制造业总产值为 3.596 万亿美元，占全球比例的 28.57%，相比之下，美国占 17.89%，日本占 8.16%，德国占 6.05%。中国制造业的份额几乎等于美、日、德三国之和，更是俄罗斯的 13 倍。我国人均制造业增加值是其他发展中国家的 2～10 倍。

根据国家统计局的统计，在联合国对制造业所分的 39 个大类、191 个中类和 525 个小类中，我国是全世界唯一的各类产品都生产的国家。目前，我国已形成较为完备的基础设施、配套产业体系，从低端生产到中端组装再到高端智造，从品牌、采购、营销、服务到创新升级，从资源整合到技术转换再到信息供需，没有任何一个国家的产业链复合度和完整性像我国这么强大。

为什么要发展工业大数据

虽然我国的制造业发展迅速，且具有很强的完整性，但横向来看，我国的制造业发展仅仅是规模庞大，综合实力并不强。从第一次工业革命开始，如今的发达国家工业已经经历了一个多世纪的发展，我国与发达国家存在天然的后发劣势。其一是自主创新能力不强。我国在很多领域缺乏自有的核心技术，比如一些产业发展需要的高端设备、关键零部件和元器件、关键材料等大多依赖进口。其中，中国“芯”便是这些年来最让人担忧的。数据显示，我国所需的芯片80%以上依赖进口。其二是产品质量问题突出。产品的质量问题并不是我国独有的现象，而是制造业发展过程中的常见现象，但由此造成的大量不合格产品，严重损耗了制造业产能。其三是资源利用效率低。与资源利用效率紧密相连的便是能耗高。数据显示，我国单位国内生产总值（GDP）能耗约为世界平均水平的2倍。除此之外，资源利用效率低还表现为科技水平的低下和良品率偏低。其四是产业结构不合理。在区域上，由于我国之前偏向于平均发展，直到改革开放后才开始施行一定的区域发展战略，因此产业集聚和集群发展水平较低。而在结构上，前面提到，我国自改革开放后才实行产业结构的调整，因此当前第三产业、生产性服务业发展相对较弱，技术密集型产业也受到来自国际各方的压力。

与此同时，我国制造业在国际上所面临的竞争压力也与日俱增。2018年10月，美国白宫发布了四年一度的《美国先进制造领导战略》，在“智能数字制造”部分，提出下一步计划“要通过将大数据分析和先进的传感和控制技术应用于大量制造业活动，促进制造业的数字化转型”。德国在2015年提出“工业 4.0”战略。法国于 2015 年 5 月也公布了未来工业计划，该计划将在“新工业战略”的第二阶段中扮演核心角色，主要目标是建立更为互联互通、更具有竞争力的法国工业，旨在使工业工具更加现代化，并通过数字技术帮助企业转变经营模式、组织模式、研发模式和商业模式，实现经济增长模式的转变。

在这样的大背景下，相对于其他国家而言，我国对于工业智能化、数字化、信息化的需求更为迫切。幸运的是，新一轮的工业变革方向已经逐渐明晰，在 5G 大数据时代，庞大的制造业规模和坚实的基础，赋予了我国后来居上的信心。

从中国制造到中国智造

随着工业化与信息化融合的逐渐加深，中央对于中国智造的未来发展也极为重视。2013 年以来，中共中央总书记、国家主席、中央军委主席习近平曾先后指出，“国家强大要靠实体经济，不能泡沫化”，“深入实施创新驱动发展战略，增强工业核心竞争力”，“推动中国制造向中国创造转变、中国速度向中国质量转变、中国产品向中国品牌转变”。2015 年 3 月 5 日，国务院总理李克强在政府工作报告中指出，要实施“中国制造 2025”，加快从制造大国向制造强国转变。同年 5 月 8 日，国务院印发《中国制造 2025》，部署全面推进实施制造强国战略，这是我国实施制造强国战略的第一个十年行动纲领。

除此之外，自 2015 年起，国务院每年都会发布关于制造业融合大数据发展的指导意见[①]，工业和信息化部相继发布大数据、工业互联网以及两化深入融合的规划和计划[②]，中国信息通信研究院、中国电子技术标准化研究院以及工业互联网产业联盟也不断发布针对工业大数据的研究成果。

当然，从中国制造到中国智造，不只体现为指导思想和产业研究，更是一个脚踏实地改变的过程。结合国际相关经验，中国智造的“智”将不仅体现在生产的信息自动化上，还将体现在万物互联的生态化和数字化上。

虽然产业经济学并没有对产业升级的路径或是衡量标准形成统一的观点，但在信息时代，制造业的转型升级一定体现在对信息的使用上，更具体地说，就是对数据的使用。工业 4.0 看似是对生产方式的一次革新，但实际上更是对生产思维的一次革新，让传统工业从经验到生产的固有模式转变为“知识—生产—数据—知识”的闭环模式。

---

① 2016 年 5 月 20 日，《关于深化制造业与互联网融合发展的指导意见》；2017 年 11 月 27 日，《关于深化“互联网＋先进制造业”发展工业互联网的指导意见》。

② 2012 年 11 月，《信息化和工业化融合发展规划（2016—2020 年）》；2017 年 1 月，《大数据产业发展规划（2016—2020 年）》；2018 年 6 月，《工业互联网发展行动计划（2018—2020 年）》。

工业互联网

实际上，可以将中国智造分为智能制造与产业互联。如果说智能制造更聚焦于一家企业的改变，那么工业互联网便是着眼于全行业的改变。不同于智能制造，工业互联网更强调的是将单个企业的智能做加法甚至是乘法。简单来讲，智能制造体现在新技术的应用、更灵敏的传感探测器、更精准的数学模型，而产业互联则体现在外部的链接、全行业的数据共享以及知识共享，由此催生 C2B（消费者对企业）个性化定制、网络化协同以及服务化延伸。

其实，“工业互联网”这个概念早在 2012 便由通用电气提出，随后美国五家行业龙头企业联手组建了工业互联网联盟（IIC），将这一概念大力推广开来。除了通用电气这样的制造业巨头，加入该联盟的还有 IBM、思科、英特尔和 AT&T 等 IT 企业。2017 年，我国工业互联网直接产业规模约为 5 700 亿元，至 2021 年时将达到万亿元规模。中国是全球机器间通信（M2M）的最大市场，也是未来增长最快的市场。

工业大数据

直到现在，我们还没有对工业大数据下一个定义，但它已经存在工业生产的多个环节之中。具体来说，工业大数据是指在工业领域中，围绕典型智能制造模式，从客户需求到订单、计划、研发、设计、工艺、制造、采购、供应、销售、库存、发货和交付、售后服务、运维、报废或回收再制造等整个产品全生命周期各个环节所产生的各类数据及相关技术和应用的总称。工业大数据以产品数据为核心，极大延展了传统工业数据范围，同时还包括工业大数据相关技术和应用。

我们可以把工业大数据当成一种生产要素，如同资本和劳动一样，它被用于上述产品全生命周期的各个环节。在不同的环节，它对企业的作用有所不同，按周期的观点来讲，通过对数据的分析使得产品定位更加准确，产品生产更具效率，生产流程更加规范，服务体系更加完善。与此同时，生产过程中的污染问题、库存供应的控制协调问题，以及销售运维问题，都能看到工业大数据的影子。

作为一种要素，或者说一种资源，工业大数据不是凭空产生的，它来源于制造业的信息化，来源于企业间的互联，因此，制造＋信息化不是工业大数据，企业＋互联网也不是工业大数据，而是所有的一切相互作用，成为工业大数据，这是一种生产与使用的共生、协调状态。

数据指导生产

在 2016 年达沃斯论坛上，浪潮集团董事长兼 CEO 孙丕恕说，中国真正的智能制造一定是要充分发挥数据的力量，以数据为核心，对接供给和需求，让产业变得智慧。

他提出，智能制造并不是简单的生产流程和工艺的高级自动化。很多企业觉得大规模应用机器人、传感设备就实现智能制造了，这实际只能叫生产流程高级自动化，不是智能制造！一定要把来自生产流程、内部管理和消费市场上的数据用起来，这才是实现智能制造的关键。制造业是供给侧改革中一个重要的产业，只有充分发挥数据的价值，才能实现供给侧和需求侧的更好对接。

这样的见解是颇有见地的，人们往往以为智能等于自动化，但智能实际上是数据化！

数据洞察未来

服装设计是一个非常具有创造性的活动，可以说，每一年我们眼中的世界在很大程度上都是由服装设计师定义的，或许有人对此提出异议，认为设计师也要充分考虑消费者的感受，消费者在成衣的设计过程中同样享有话语权。但遗憾的是，服装设计的整个过程更像是一个设计师进行自我挖掘的过程，不管是电影、图片还是文字，都是他们创作的来源，唯独消费者——作为个体的意见不是。设计师将他们对世界的认识与艺术理论知识相结合，进行服装的设计，最后打板裁剪，供市场去选择，当然，最后的过程消费者参与了选择。但无法否认的是，设计是一件高度信息不对称的事情，产品的更新方向往往掌握在那些所谓的专业人士的手上。当然，设计真的很能凸显一个人的才华，令我们印象最为深刻的，便是 iPhone 手机的设计，乔布斯对手机性能以及外观的设计直接引领了一个时代。

设计的这种单边特点不仅阻塞了需求者表达的途径，同时也减缓了产品更新换代甚至创新的速度，厂商更倾向于固有的发展模式。而工业大数据欲改变现状，福特公司便是这方面的表率。在一款电动车的产品优化设计中，福特运用了大数据技术，我们姑且将其称为“大数据电动车”，在经历了初代的单边设计后，第一代电动车在消费者驾驶和停车时产生了大量数据，从而为福特提供了车辆速度、刹车、电池充电等一系列的数据，当然数据也可供消费者使用，帮助消费者更好地进行路程和充电规划，但最为关键的是数据传到福特工程师那里，工程师可以结合客户的驾驶习惯，运用数据对车辆进行优化。不仅如此，第三方电力机构也可以更好地对充电桩进行布局，或许这也是未来电动汽车的运作模式。

其实，不仅仅是电动车，汽车制造如今也开始利用数据去集思广益。还是以福特为例，福特产品开发团队曾经对 SUV 应该采取掀背式（即手动打开后备厢）还是电动式进行分析。有意思的是，这个问题的提出也是通过社交媒体的数据采集和分析得出的。当然，关于最后的解决方法，也是通过定期调查采访，如支持电动式的人认为后备厢会自动打开，便捷智能；但反对的观点认为，这种方式会影响到后备厢开启的范围。福特这个案例说明了数据在发现问题和解决问题上的重要性。国内也有类似案例，长安与汽车之家达成协议，汽车之家向长安提供论坛用户对其产品、品牌和服务的评价等一系列有效数据，在此基础上，长安做出相应的车型调整。2015 款逸动内饰的改进，悦翔 V7 一些配置组合的推出，以及致尚 XT 的个性化定制，均是双方合作的产物。数据显示，根据市场数据指导生产出来的汽车，销量提升效果颇为明显。

离每一个人更近的案例，是手机的进化也越来越符合消费者的预期。如今，我们可以发现，新上市的智能手机总是会在摄像头、电池上下功夫，原因就在于手机消费人群的需求发生了变化，上网、拍照以及长时间的续航成了新宠。依靠数据，人们很容易就实现了设计从单边向多边的转化，提高了需求者的参与度，激发了创新能力，提升了研发效率和产品质量，更好地实现了协同设计。

当然，工业大数据在设计上的运用远不止这么简单，更为全面的设计数据包括企业设计人员或消费者借助各类辅助工具所设计的产品模型、个性化数据及相关资料，例如计算机辅助设计（CAD)、计算机辅助制造（CAM)、计算机辅助工程

(CAE)、计算机辅助工艺过程设计（CAPP）、产品数据管理（PDM）等。

告别无计划生产

数据让设计从单边走向多边，让生产走向闭环。生产是一个计划—生产—销售的过程，闭环不仅是商品、资金的闭环，更是数据的闭环。

传统的企业生产决策往往存在较长的滞后期，企业需要通过对过去一年或者更长一段时间的数据进行分析，了解区域性需求占比和变化、产品品类的市场受欢迎程度与最常见的组合形式、消费者的层次等，以此来调整产品的生产策略。像开学季、黄金周前的一段时间往往是相关企业扩大产能的最好时机，所以我们更容易观察到，开学季各种学习用品都会进行促销，当然促销的基础是前期扩大产能，用于满足促销需求。

但这是非常粗糙的产能计划过程，并且仅适用于那些平稳的年份，如果市场突然出现波动，生产计划很难进行快速调整。制造业行业众多，不同行业面临着不同的市场环境，生产决策也不一样，更细致、精确的规划对企业的稳定运营非常重要，而这恰恰是大数据可以带来的积极作用。

工业大数据能让生产者将历史的销售数据、产能状况、人员技能、物料充足度等数据进行整合，通过一定的算法，制定合理的生产计划。同时，在生产的过程中，不断进行数据更新，监控计划与现场实际的偏差，及时迅速调整生产计划，有效规避风险。当然，大数据的存在并不否认人工决策的重要性，在数据运用的背后，是对过去知识的总结，一旦出现未发现的因果关系的影响，或者新的行业趋势，管理者能否具备超人的眼界和开拓创新的精神便显得至关重要了。

从笨重走向灵巧

虽然我们将生产按过程进行了划分，但工业大数据在催生闭环的同时也加速了计划、生产、销售的融合。自福特创立了生产线式的生产方式后，多年来，人们采用的都是一种规范化、标准化的生产模式，近年来，随着计算机数控技术的提升，柔性生产的概念开始逐渐为人熟知。柔性生产是一种以市场需求为导向的生产方式，是一种动态的、智能的生产状态，是计划和生产的结合。

当然，工业大数据在生产阶段的更大意义在于，对产品质量和生产工艺的提升。随着各式各样传感器的应用，企业可以积累越来越多的关于产品生产的数据，通过对所采集的数据进行清洗、筛选、关联、融合、索引、挖掘，生产者可以构建与产品相关的精确模型，并不断探索相应的技术理论，实现从数据到信息知识的有效转化，提高生产精度，提升产品质量。除此之外，通过数据的积累，人类可以创造生产过程的“数字孪生”，对生产进行模拟仿真，在排除故障和错误的情况下开启整个生产流程，此举可极大降低试错成本，扩大企业对于各种生产方式的选择空间。并且，仿真设计与信息知识积累的结合可以有效提升制造工艺，通过对设备运行状态参数、产品质量、生产线排产负荷、耗能等数据进行关联性深度挖掘，可得出最优的工艺参数区间，优化产品生产调控模式，提升产品制造品质。

拿精密仪器的制造来说，芯片在生产过程中会经历许多次掺杂、增层、光刻和热处理等复杂的工艺流程，每一步都对物理环境提出了严苛的要求，在这样的情况下，“数字孪生”就起到非常关键的作用，通过搜集海量的生产数据，人们可以完美地打造虚拟的制造流程，让晶圆测试环节虚拟化，通过一次次的数据迭代，最终形成针对这些技术规格的成百上千次测试，再运用到实际生产当中。

短缺成为过去

供销阶段作为生产的最后一个阶段，也是产品转化为资本的阶段，生产阶段的供需均衡不仅对企业创造利润影响较大，对于设备采购者来说也极为关键，一个想快速回笼资金，另一个想尽快投产使用，而供销阶段往往很容易出现供需的不匹配。

这种不匹配分为两种情况：一是整体的不匹配，二是局部的不匹配。前者要追溯到计划阶段的错误决策，工业大数据能够有效地缓解此类现象；后者则源于生产厂商不合理的供销分布，出现局部地区的短缺，部分地区的过剩。

另外，我们还可从一个更整体的角度来看数据对于企业的意义。实际上，供销就是供应链的一环。随着 RFID 电子标识技术和物联网技术的应用，企业间的物流信息可以通过数据进行追踪和监控，此举有效提高了供应链的可视化与透明化，也让需求者动了起来，数据推倒空间的壁垒，让产品在更大范围内流动起来。同时，供应链的可视化一定程度上解决了企业间商品运转的信任问题，任何途中出现的问题都能用数据进行追溯。

最后，通过对供应链空间和时间维度数据的追踪，供应链物流也将逐渐实现自我优化。以京东为例，物流速度快是很多人喜欢使用京东的原因，保障速度的关键是京东通过对平台数据的分析，提前分析和预测各地区的商品需求，建立自由仓储基地，满足各地消费者对货物的需求，带来仓储、配送和销售等环节的效率提升。再看海尔公司的供应链，它以市场链为纽带，以订单信息流为中心，带动物流和资金流的运动，整合全球供应链资源和全球用户资源。在完善的供应链体系下，各个环节的数据被采集、汇总并进行分析，从而更好地满足客户需求，同时也便于持续改进和优化服务。

从显性问题到隐性问题

其实，生产过程中还有各种各样的问题需要我们引起重视，首要的便是设备故障问题。很多时候，产品的质量问题可能并不是人们不重视工艺流程，而是因为设备性能衰退、参数设置偏误、零件损耗等隐性问题。过去的定期排查方法耗时耗力，且不具有很强的针对性，它是按照特定的标准对设备进行查验，不能对设备进行一个整体性的概括。在信息化时代，单个参数式的排查标准不再具有吸引力，取而代之的是通过搜集设备运行数据，通过大数据技术进行分析、对比、预测，来进行设备的维护和更新。

日产公司的智能机器人健康管理系统就是一个很好的例子。该公司的机器化程度非常高，制造过程中基本的喷漆、点焊和搬运都由机器来完成，机器按固有模式操作保证了产品质量，也降低了人力成本，但伴随机器人数量上升而带来的机器故障同样影响着产品的生产。2010 年，日产开始在工业机器人的健康管理方面引入预测分析。由于针对机器的传感器安装有一定的难度，因此该预测系统的数据仅是整体的运行数据，即编程控制器中的监控参数，通过聚类分析进行同类对比，发现机器人的隐性问题，提早进行干预。

从数据着手进行问题的预警与检测，是数据时代特有的方式。除了日产，通用电气也在这么做，通用电气在生产过程中有效地保证了设备的稳定运转，同时通过对燃气轮机的数据追踪，进行故障诊断和预警，避免了更多意外的发生。数据不仅让制造业，也让更多相关企业防患于未然，很多时候，真正出现问题的时候已经是积重难返了，因此，提前进行诊断、预警、维护和更新是极其重要的。

再来看污染防控方面。2016 年 11 月 24 日，《国务院关于印发“十三五”生态环境保护规划的通知》印发并实施，之后全国各地纷纷出台相关环境保护规定，在“既要金山银山，又要绿水青山”的指导思想下，部分地方政府为了谋求政绩，一刀切关闭污染企业。虽然不少企业确实存在耗能大、效率低、排废多的问题，但并不代表所有的企业都不具备治污的能力。不少研究显示，与纳税大户相比，一些本地企业更注重当地环境的保护。因此，一刀切的政策一方面加大了企业为获得经营许可的寻租空间，另一方面也让真正努力改善污染问题的企业失去了发展机会。

在治污领域，数据的意义体现在两点：一是治污，二是鉴污。治污很好理解，工业大数据实现了对复杂的生产过程建立合理的数学模型，从而能够有效地改善制造工艺，提高资源利用效率，降低生产能耗。除此之外，随着工业互联网的形成，知识外溢效应将会更加明显，企业的技术进步也会随之加快。

降能耗、提效率还体现在设备协调方面。随着技术进步与经济发展，工业设备体系日趋复杂，设备集成度越来越高，系统内部复杂的耦合关系往往很难通过简单的参数便反映出来，而借助大数据，各系统间的关联性更易得到体现，从而有效地减少因设备间的配合不当而造成的能源损耗。

再看鉴污。在我国，如今污染的相关数据来源广泛，但数据太分散、太专业、缺少分析、不能可视化，普通人看不懂。大数据技术可显示出优越性，2015 年，百度地图上线“全国污染监测地图”，通过百度的专业数据搜集处理能力，结合开放的环保大数据，网民可以轻松查看污染状况。工业大数据还可以将生产数据和污染数据相关联，通过关联分析得到控制污染的有效方法，同时，如果将污染数据与各地环保局相连接，一来增加了监管的透明度，二来也让环保局有了更准确的控制标准。

终将走向服务

2019 年 11 月，国家发改委等 15 个部门联合印发《关于推动先进制造业和现代服务业深度融合发展的实施意见》，目标是到 2025 年，形成一批创新活跃、效益显著、质量卓越、带动效应突出的深度融合发展企业、平台和示范区，企业生产性服务投入逐步提高，产业生态不断完善，两业融合成为推动制造业高质量发展的重要支撑。

推动先进制造业与现代服务业深度融合的意义，是体现出制造业的服务特性，拓展制造业的价值链条。数据显示，2018年，我国三大产业增加值在GDP中的占比分别为7.19%、40.65%、52.16%，两业融合的未来空间巨大。那么，现代制造业企业与服务业该如何融合呢？从制造业企业的角度看，就是开拓服务项目，增加服务渠道；从消费者的角度看，就是积极表达需求，形成C2B定制化生产。

在此背景下，制造业企业将不再只是产品提供商，而会成为提供产品、服务、支持、自我服务和知识的“集合体”。其实，定制本在数据处理技术（Data Technology，DT）时代之前就已有了，年轻人非常熟悉的NIKE ID就是一个定制化的案例。消费者无论是在实体店还是在互联网上，都可以选择具体的鞋型，在此基础上进行设计，包括颜色搭配和图案选择，甚至是任意字母的定制，但NIKE的定制服务并不能算是大数据时代的绝佳案例。大数据时代的定制化不同于传统定制，而是一个C2B的过程，企业通过建立一个信息交流的平台，借助消费者表达诉求的机会，企业根据消费者的需求以及对已有产品的评价来进行产品的创新和升级。当然，企业与顾客间的信息交流过程并不仅限于在网络上搭建平台，百丽集团就专门成立了一家专注3D足型测量与数据分析的公司——意礴科技。实体店会搜集来自顾客的足型信息，同时，顾客也可以自主提交，在此基础上自行设计。传统定制服务成本是很高的，以 NIKE 为例，一双定制鞋价格要高出普通款式 100～200 元。而在大数据时代，企业的定制是在传统的定制基础上，增加可供挑选的畅销鞋款，再进行颜色和面料的改动，做到迎合消费与保证成本的平衡。

除此之外，DT 时代定制不仅包含对消费者的数据分析，还有对生产数据、行业数据甚至是相关上下游行业数据的分析，将个性化的生产进行全流程的数据分析，保证从产品设计到原材料清单，以及之后的生产工艺选择和制造执行系统保持较好的连贯性，降低因定制化导致的规模下降而造成的效率损失。

售后是另一个体现服务的领域。制造业更多的是大型设备的交易，它具有较长的使用年限，保证售后期的良好服务，或是主动在产品售出后开拓服务业务，对于制造业企业来说至关重要，并极有可能成为未来新的利润增长点。借助科学技术的发展，各类传感器的应用可以更便捷地让制造业企业追踪产品的运行状况，从而为买方提供更主动、更及时的售后服务。而实现的基础便是企业通过整合产品运行数据，将诊断知识转化为智能故障诊断系统，利用互联网相关技术，进行设备运行参数的监控，提前进行故障预警并及时形成解决办法。将服务做在前面，用技术规避不确定性，形成“制造＋服务”的新模式。

实际上，工业大数据的应用贯穿工业制造业的整个运营过程，为了更好地描述，我们只是对它进行了较为“生硬”的拆解，但读者应该有所体会，其实，从设计开始，制造业服务的特性已然体现，定制化也就是数据指导设计的简单形式，而节能治污便是生产效率提升的必然结果。在大数据的赋能之下，传统固定的生产线可以根据市场需求的变化灵活调整产能目标，同时在多个下级生产线中合理分配任务，让多样化、个性化产品与高效生产得以共存。这不仅意味着动态、智能的生产状态，也包含了制造＋服务的一种生产态度。

5G大数据助力中国智造

复杂经济学创始人布莱恩·阿瑟在《技术的本质：技术是什么，它是如何进化的》一书中说过，经济是技术的一种表达，并随这些技术的进化而进化。如今，我们身处数字经济时代，能更深切地感受到这句话的意义之所在。2016年9月，G20杭州峰会通过的《二十国集团数字经济发展与合作倡议》指出，数字经济是指以使用数字化的知识和信息作为关键生产要素、以现代信息网络作为重要载体、以信息通信技术的有效使用作为效率提升和经济结构优化的重要推动力的一系列经济活动。人们始终强调，数据改变了我们的生产和生活，但要记住，数字经济时代是一个融合经济的时代，信息、数据技术、网络和通信技术共同构成了这个时代。

大数据还需进一步催化

前面我们谈到了工业大数据在企业生产各环节中所展现的力量，但就像我们所提到的，数字经济是融合经济，数字经济的诞生和发展绝对不是一个“简单”的大数据。

信息时代是个由云计算、大数据和物联网共同构成的时代。本章第一节我们提到，工厂的智能化和设备与企业间的互联让工业大数据有了数据基础，不管是设计环节还是生产环节，我们都在强调数据能给人类带来什么，如果理智地思考这个问题，与工厂运营相关的数据生产和设备运营都要借助其他的工具来帮忙。

首先是设备联网的问题。当前，工厂的设备或传感器的数据采集，普遍采用有线和无线相结合的方式，在 4G 通信技术条件下，无线不能满足成千上万台设备的互联，而有线网的铺设又极大地限制了生产的自由性，因此，某些环节看似逐渐趋于自动化和无人化，但实际上还是不够灵活。

其次是数据分析方面。工业大数据本就包含数据分析技术，但从狭义的角度来看，这些技术仅仅是理论上的满足，巨量的数据需要的不只是分析技术，相应的还有存储、传输、预处理、批量处理和流处理等技术。除此之外，还有诸多需要深入思考的相关问题，比如对于数据分析结果的反应、对于柔性生产的设计、对于能耗的考量。

数据是把生产背后未知的知识送到人类面前，人类通过大数据技术对其进行分析和提纯，再获得想要的结果。不可否认，大数据是工厂实现智能化最关键的因素，但在融合发展的时代，工业大数据还需进一步催化。

5G 与制造业

枢纽的意义在于承上启下，工业大数据在工业智能化转型中的地位正是枢纽，它的上端是工业信息化，下端是工业智能化。而通信技术的进步则是实现工业信息化的关键。回顾通信技术的进步，在 1G 时代，人们只能够进行初级的移动通信，“大哥大”的通信质量虽然很差，但在那时是身份的象征，在那个刚刚使用移动通信的年代，即使想象力再丰富的人可能都没有想到，通信技术是可以运用到工业生产中去的。到了 1995 年，新的通信技术成熟，2G 让文字短信开始能够远距离传播，也正是从这个时候起，手机开始有了网络的概念，当时的人们幻想的是如何更快、更方便地浏览文本信息。随着人们对于网络需求的扩展，第三代移动通信技术应运而生。为了能够实现网络交流和查询的需要，信息通信开始在新的频谱上制定出新的标准，享用更高的数据传输速率，此时，通话、文字、视频都可以实现手机传播，大量数据的传送成为可能，在此基础上，移动通信更多的应用可能性开始得到关注。从 3G 到 4G 的变革，对于很多人来说无非就是速度的加快。应该说，这样理解也没错，4G 确实具备速度更快、通信灵活、智能性高、高质量通信和费用便宜的特点，并能够满足几乎所有用户对于无线服务的要求。但 4G 终究还是 3G 的升级版，虽然人们在 4G 时代已经看到了移动通信带给未来的可能性，但在很多应用上依然受到了阻碍。

可能你会问，那 5G 呢？回答是，5G 真的很不一样，5G 之所以具有变革性，就在于凭借增强型移动宽带（eMBB）、海量机器类通信（mMTC）和超高可靠低时延通信（uRLLC），可将移动通信的应用领域扩展到另一个量级。

eMBB，全称是 enhanced Mobile Broadband，其核心含义是在现有的移动宽带业务场景的基础上，进一步提升用户数据体验速度，这也是人们提起 5G 时最直观的印象。网速变快给人们的生活方式所带来的巨大改变，我们已经从 4G 时代窥见一二，比如短视频和直播的爆发，基本上只要在有 4G 网络的地方，人们就可以用手机刷短视频和看直播，这在 3G 时代是难以想象的。但速度的变化不仅仅体现在简单的手机使用上，4K、8K 高清视频直播将成为可能，这种超高清直播画面对于工业生产而言如虎添翼，远程检查、远程诊断不再困难。5G 的高速度、低时延也为远程操控提供了可能，特别是那些对精度要求极高的产品生产，4G 的技术水平是远远不够的。

mMTC，全称是 massive Machine Type of Communication，即海量机器类通信，有时也被称为大规模物联网，其核心含义就是能够支持单位面积更大数量设备的连接。5G 每平方公里可以支持 100 万的连接数，相比之下，4G 每平方公里只能支持 2 000左右的连接数。如今，在工业厂房内部，很多都是无线和有线的结合，很重要的一个原因便在于 4G 无线网络很难做到全设备的覆盖，因此除了那些有硬性限制的设备使用无线外，其他设备都尽可能地使用有线，这就造成设备移动受限，相应地也限制了传感器及机器人的使用。而 5G 的设备连接能实现突破，遍布工厂的 5G 小基站不仅让设备在整个工业园区里都能“保持活力”，还因功耗降低保证了其长时间作业。

5G 的 mMTC 场景为了满足海量连接及数据采集的服务需求，诞生了许多种无线传输技术，包括 NOMA（非正交多址接入）、NB-IoT（窄带物联网）、LoRa（远距离无线电）、SCMA（稀疏码多址接入）以及 CS（压缩感知）等。每一种技术都有各自的特点，适用于不同的机器通信场景。大连接能力允许大量的 5G 终端同时接入网络，解决了目前工业互联网因设备接入能力差、部分设备经常掉线而影响生产的问题。

uRLLC，全称是 ultra Reliable Low Latency Communications，即超高可靠低时延通信，其核心含义是能够支持更低的端到端时延和接近 100％的业务可靠性保证。在时延方面，uRLLC 场景下端到端时延约为 4G 的 1/5，可以达到 1～10 毫秒，基站与终端间甚至可以达到上下行均为 0.5 毫秒的用户面时延。在可靠性方面，5G uRLLC 的可靠性指标是用户面时延 1 毫秒内一次传送 32 字节包的可靠性为 99.999％。低时延和高可靠性使得 5G uRLLC 具备非常可观的应用前景，比如无人驾驶、工业应用和控制、远程制造、远程手术等高度延迟敏感型业务。在工业方面，高可靠性可有效解决经常出现的丢包断网现象，避免了不必要的停工问题。

5G＋大数据，拼上智造最后一块拼图

毫无疑问，连接是实现智能的前提，而数据是实现智能的关键。我们在前面看到了太多数据带给工业的好处，但每个部分我们都忽略了一些操作上的细节，有了 5G，拼图就变得完整了。

当然，如果继续按照之前的步骤拆分来看，5G 对于生产过程的影响似乎有些多余，我们的回顾将以 5G 运用为新的视角，聚焦与 5G 联系最为紧密的几个点。

首先是柔性制造。柔性制造和个性化定制是有紧密联系的，

数据可以指导如何生产，但并不能做到改变生产线模式。在传统生产线模式下，定制化的成本要高于批量生产，因此，为了做到小规模生产与成本的平衡，便诞生了柔性制造。与柔性制造相关的一个概念是无序生产。在柔性制造中，产品并不需要走完整条流水线，而仅仅需要去走它们特有的路线，这就需要实时工业控制。5G在工厂内部的无线化部署，替代了传统连接机械设备与可编程控制器间的现场工业总线，解决了固定线路阻碍灵活编排与机器人移动的问题，为柔性制造的实现提供了可能。

其次是云化制造。这也是实时工业控制重要的应用，5G的低时延、高可靠特性让设备厂商、工程师可以实时掌握设备运行数据，根据设备所表现的具体情况做出快速的反应，不再需要一条又粗又重的网线去连接设备和可编程控制器。而在这个过程中，5G网络切片技术、边缘计算技术持续为整个工业生产流程提供动力。

再次是产品与原材料的监控。特别是对于有运输需求的原材料，运输设备需要很强的移动性，并且需要自动控制。在5G的赋能下，产品的生产过程和原材料的运输过程都在可靠性、终端接入数量和移动性方面有了较高的保障，从而避免了由于连接端出现问题所造成的停工现象。另外，提到产品，我们还不忘前面关于能耗、防污问题的探讨，大量的设备信息以及环境信息需要5G网络实现联网、采集与监测。通过5G网络，结合各类传感器，包括精度、位置、数量、转速等数据在内的设备运行状态，使用情况被上传至制造管控系统，制造管控系统对设备进行预测性维护分析、预警实时处理。同时，温度、湿度等信息经过 5G 网络也会被上传至制造管控系统，大大提高了厂房智能化管控的能力，保证了厂房的正常运转。

最后是远程操作。在 5G 时代，AR、平视显示、高清视频等新交互技术进入工厂生产中，能够加强人机交互，提升人员间的协作能力，同时，还可以进行关键性操作的模拟演练，危险度高的检修的远程控制等，坐在办公室里就把设备修好的时代终于来了。

未来，工厂将不再是传统印象中那种脏兮兮的地方，而是设备整齐排列、工人有序操控的干净场景。在 5G 大数据的赋能之下，未来的工厂将会由一整套系统组成，人与机器、机器与机器连接之后，可实现理想的协同作业，自动报修、工作参数自动调整、停机保护等程序应有尽有。同时，生产过程和管理协作更加透明，设备、工人和管理层的沟通变得自由通达，响应速度更快，工厂会成为一个智能生物体，这便是万物互联的新时代。

第六章　变数为金：5G 大数据催生新金融

数据即信息

诺贝尔经济学奖得主乔治·阿克洛夫在他著名的论文《柠檬市场：质量的不确定性和市场机制》[①] 里谈到了信息对于市场的作用，详尽论述了信息不对称对二手车市场带来的巨大破坏。在自由市场中，信息对于商品成交、企业融资等商业活动异常重要，信息不对称所造成的逆向选择和道德风险会使市场趋于萎缩，从而不利于经济社会发展。

中介理论认为，金融机构正是因为存在这样的信息问题而

---

① 柠檬市场指二手车市场。

作为中介出现的，因此金融机构这种“为信息而生，因信息而盛”的特点，注定了 5G 大数据在金融行业有着巨大的应用前景。

移动通信技术与金融深度融合

提到通信技术，很多人可能一下子很难想到它与金融的具体联系，但实际上，从 2G、3G 到 4G，通信技术不断进步所带来的服务质量提升与费用降低，为金融业的快速发展与扩张提供了基础的网络支持。

1. 3G 时代：移动化金融拉开大幕

3G 时代的到来为移动金融，尤其是手机银行增添了更多内容，与 2G 时代只能够通过网页链接简单的文字内容相比，3G 所带来的技术进步让手机银行正式上线，它不仅拥有了图文并茂的形式，用户更可以通过视频对金融业务进行直观了解。此外，更快的速度也优化了用户在移动端的使用体验，使其等待时间大幅减少。在此基础上，3G 时代的手机银行开拓了手机充值、基金购买和理财产品等一系列增值服务。

2. 4G 时代：互联网金融与金融科技崛起

4G 网络的出现与普及，是金融科技与互联网金融之所以能够发展的前提。简单来说，4G 网络比起上一代通信技术，意味着更大的带宽、更高的容量以及更低的每比特成本。

2013 年底，随着 4G 牌照的发放，互联网金融的热潮正式来袭。一方面，传统金融机构乘着 4G 发展的东风，在细分领域开始加速完成移动互联网的布局。以商业银行为例，不仅是五大国有银行和大型股份制银行，小型地方银行也先后推出了手机端的 APP 应用软件，且在传统的银行类业务之外，上线了生活缴费、交通罚款等功能，方便了居民的生活。另一方面，新兴主体的崛起是互联网金融得以快速发展的重要原因，在这其中，第三方支付是最为重要的内容。以蚂蚁金服的支付宝、微信的财付通为主要代表，第三方支付应用在 4G 出现之后，以极快的速度在移动端支付市场中占据一席之地，并以其更全的功能和更好的体验击败各大手机银行应用，成为大部分人使用移动支付时的首选。而随着 4G 技术的日趋成熟，互联网金融的内容也变得更加丰富，金融科技的出现亦是大势所趋。

如今，在 4G 技术已经足够成熟的前提下，众多金融机构纷纷通过互联网搭建起线上业务平台，为海量用户提供在线服务，并逐步实现了金融业务在资金端和交易端的互联互通。同时，4G 的广泛应用也使得大数据、人工智能、区块链等高新技术以最快的速度与金融相融合，科技赋能金融直击传统金融痛点，大大提升了金融运转效率，类似大数据征信、智能投顾、供应链金融等应用已经进入了人们的生活。

3. 5G 时代：催生大量新金融与新业态

5G 是第四代通信技术（4G）之后的一次巨大技术突破，

不仅在功能方面比前代技术有了巨大的提升，同时也出现了多种新的特性。如今，随着 5G 建设的全面铺开，5G 与金融的协同自然也成为下一阶段金融科技的重点内容。可以预见的是，二者的深度融合将会有效促进包括银行、商户、厂家在内的各行业的资源整合与运用，并优化终端用户的资源配置，促进金融科技的发展，延伸数字金融的内涵。

回首通信技术更迭中金融业的发展之路，我们会发现：以语音通信为主的 2G 时代并没有为金融发展提供良好的线上环境，金融业务的开展也多依靠线下的实体营业厅展开；3G 时代的到来使得线上业务更为普遍，金融机构均以手机端的门户网站作为拓展业务的新渠道，互联网背后蕴藏的巨大市场也因此受到了各方的重视；在“流量为王”的 4G 时代，愈发成熟的通信技术已然为金融机构线上业务的全面铺开提供了良好的基础，金融机构陆续推出手机 APP 并不断优化服务、丰富功能以抢占市场，且在新技术不断出现的背景下，运用科技赋能金融，业务的智能化和场景化成为金融机构的目标。

如今，随着 5G 技术的研发与应用提速，通俗来说，速度更快、延迟更低、连接更多、安全更强等是 5G 技术所呈现的新特点，通过 5G 技术所搭建的移动互联基础设施，传统金融服务的边界得到大幅拓展，金融产品创新、金融服务创新、业务流程创新等都将在 5G 技术的加持下变得更为频繁，最终，现有金融的行业生态将得到重构，金融新业态将大量出现，金融系统的内在稳定性与效率将得到前所未有的提升。

金融痛点：信息不对称

4G时代，在大数据、人工智能、区块链等技术已经出现的背景下，数据的作用开始不断放大，随着数据被作为生产要素单列出来[①]以及5G技术的出现，不仅数据在生产生活中扮演的角色愈发关键，大数据等技术在5G的加持下也有了新的发展。作为与信息通信技术融合最深、应用最广的行业，金融业在已经到来的5G时代，也将因为数据带来行业蜕变。

信息时代的快速发展伴随着海量数据的爆发与处理技术的日新月异，数据在这个时代的价值进一步凸显。金融的本质是匹配资金的供给与需求，信息则是进行有效匹配的关键，正如市场经济本身就存在着信息不对称的问题，金融业亦是如此。

早在两百多年前，“经济学之父”亚当·斯密就提出，市场好似一只“看不见的手”，通过价格机制、供求机制以及竞争机制等，调配着市场中的各类资源，优化市场主体决策，从而使整个社会的资源得到有效配置。时至今日，市场作为“看不见的手”所发挥的自我调节作用依然被广泛承认，然而，亚当·

① 参见十九届四中全会审议通过的《中共中央关于坚持和完善中国特色社会主义制度、推进国家治理体系和治理能力现代化若干重大问题的决定》。

斯密与后来众多学者的理论并非完美，其中也存在着缺陷，那就是他们假设市场中的参与者拥有的信息是完全的，整个市场环境是理想化的，而现实并非如此。

“隔行如隔山”“买的没有卖的精”，这些在民间广为流传的俗语所代表的现象皆由市场的信息不对称所致。在市场经济的运行过程中，各类市场经济主体所掌握的信息是存在差异的，掌握了更多信息从而拥有信息优势的一方，很可能会做出有利于自己同时不利于对手的决策。具体到金融领域，常见的骗贷、骗保现象便是资金需求方通过自身拥有的信息优势，并极力向资金提供者掩饰不利于自身的信息，甚至提供虚假信息谋求不当利益的结果。

简单来说，信息不对称分为两种，一种是在交易达成前隐藏信息所导致的“逆向选择”问题。例如在贷款的时候，那些风险较高、很难在市场上筹得资金的企业越是到处在筹钱，此时如果出借人并不知道借款人的资质如何，为了避免风险与收益不匹配，就会尽量提高利率去赚取风险收益，而此举便会让一些资质良好的公司不再愿意去借款，市场上将会只留下那些资质一般、酷爱风险的企业，造成所谓“劣币驱逐良币”的现象。其实这也正是乔治·阿克洛夫讲过的故事，只是故事发生在二手车市场罢了。另一种是在交易达成后掩饰行动的“道德风险”问题，这在金融行业更为普遍，教科书里经常会举保险行业的例子。比如，投保人在保险公司购买了汽车保险之后，被保险人自恃有保险托底，在驾驶时开始不再谨慎，加大了发生交通事故的风险，如此一来，保险公司将面临较大的风险。不过，道德风险与逆向选择有一定的不同，解决逆向选择要做好前期调查，而解决道德风险则要做好后期监管。

数字化给予帮助

信息不对称的存在显著增加了市场中经济行为的交易成本，抑制了市场交易与经济发展。因此，缓解信息不对称自然成为提高市场资源配置效率的主要途径。

在信息技术的不断发展与互联网的广泛普及下，大数据、人工智能和区块链等新技术的研发应用，为解决信息不对称问题提供了可行方案。在金融领域，交易正经历着从线下向线上的变迁，“数字生活”逐渐变为现实，海量数据的爆发不但没有造成信息的冗杂，反而通过大数据等技术进行汇总、分析之后，大大缓解了此前市场中存在的信息不对称现象，主要表现在：

1. 信息搜索成本大大降低

“货比三家”是大部分消费者在消费时所遵循的购物原则。在传统线下交易中，消费者只能通过实地前往不同商铺进行同种类型商品的比较，且不同商铺的口碑也只能靠“口耳相传”获取，不仅交易成本较高，还很有可能选择到性价比较低的商品。而在互联网时代，这一问题得到了很好的解决，淘宝、京东等网络购物平台在为消费者提供了足不出户便可“比”遍全球的便利之外，还通过大数据技术，为消费者推荐其可能需要的产品，极大地降低了消费者的信息搜寻成本。

2. 促进经济主体信息对接

大数据等技术打破了信息壁垒，使金融业的投融资水平随之上升，以广受关注却一直难以解决的中小微企业融资问题为例，中小微企业之所以面临着融资难、融资贵的问题，其中很重要的原因是中小微企业财务状况不透明，商业银行等金融机构作为资金提供方无法获得中小微企业较为全面的财务数据，从而难以客观地评估中小微企业的信用水平与贷款的风险水平。而随着移动支付的兴起，中小微企业的支付流水得以被记录，借助大数据技术，中小微企业线上的交易数据通过量化、统计和分析，生成较为可靠的信用数据，在中小微企业申请贷款时可供金融机构提取参考，从而解决了中小微企业交易状况的“黑箱难题”。

3. 强化经济主体自律诚信

在数字化社会中，线上线下商家、企业以及消费者的行为被庞大的数据所记录，每一笔交易可溯意味着，如果交易存在纠纷甚至受骗现象，监管部门能在第一时间直达交易“现场”，通过数据记录消除纠纷、打击诈骗，这也将倒逼各经济主体规范自身行为，遵守交易规则，提升诚信水平。

5G 与大数据理财

在享受了 4G 网络带来的各种生活便利后，悄然而至的 5G 时代已经受到了民众的广泛关注，中国三大电信运营商在 2019 年底公布的数据显示，5G 服务的预约人数已经超过千万人。伴随着通信技术的不断革新，客户的金融生活正在悄然改变，第一财经商业数据中心（CBNData）联合蚂蚁财富于 2019 年 3 月发布的报告显示，目前已有超过七成网民使用网络支付，1.69 亿人使用互联网理财。如果说，3G 时代联系了通信与金融，4G 时代引爆了移动支付，那么在 5G 时代，投资理财不仅是线上金融中最可能爆发的领域，也是客户金融生活中最可能出现颠覆性变革的领域。

数据基础与技术保障

大数据时代，金融业首先受到各方关注。早在 2011 年，麦肯锡全球研究所便在《大数据：下一个创新、竞争和生产率的前沿》报告中，针对全美各行业进行了评估，结果显示，金融业在大数据价值潜力指数中位列第一。

商业银行在长期的业务开展中，积累并存储了海量的数据，特别是随着 4G 的全面普及，线上金融的覆盖人群愈发广泛，商业银行的数据规模也因此呈现出几何级的增长态势。根据波士顿咨询公司 2018 年的研究报告，银行业每创收 100 万美元，平均就会有 820GB 的数据产出，其有价值数据量的产出规模在所有行业中位列第一。

大数据技术的日益精进也使得商业银行的大数据业务范围更为广阔，数据类型更为丰富。如今，商业银行所扮演的角色已经不仅限于存储、贷款、代发工资等基本业务，理财销售、公共事业缴费等也包含在银行的业务范围中。于是，客户留存在商业的数据记录不仅包括个人基本信息、消费记录、贷款和还款明细等结构化信息，也包括图片、视频、音频、地理位置等半结构数据甚至非结构数据。此外，在互联网金融时代，个人和企业用户金融活动的高频性也使得商业银行的数据具有动态和实时的特点。

大数据是支持商业银行开展各类线上活动的基础，而大数据技术则是商业银行合理使用各项数据做出最优决策的重要保障。在大数据技术强大的存储、整合和分析能力面前，数据所蕴含的庞杂信息在经过采集、导入、处理和挖掘四个主要步骤之后，完成了过滤，将最具价值的内容直观地呈现在使用者面前。

理财产品创新

理财产品是商业银行和金融机构自行设计的具有一定收益性的金融产品，是商业银行通过全面、严谨的分析和计算之后，得出具体的投资结构和投资收益，最终形成的集资方案。客户通过购买理财产品即可参与到商业银行和金融机构的投资方案中，投资到期后能够获得一定的收益，同时承担一定的风险。

随着金融市场的不断发展和民众收入水平的提高，传统的理财产品已经很难满足客户对于理财的全新要求，产品创新是大势所趋。在5G大数据时代，商业银行等金融机构挖掘客户的渠道进一步得到拓宽，理财产品的创新空间也随之出现。由经验依赖朝着数据引导的转变，是大数据时代商业银行等金融机构形成决策的最大改变，建设信息化平台迫在眉睫。

大数据技术对于理财产品创新而言，首先在于可以针对不同客户的需求进行差异化设计。一方面，随着居民收入水平的提高，特别是一些货币市场基金的兴起（余额宝、零钱通等），居民不再满足于将资金存入银行赚取低廉的利息，而是希望能买到更符合个人特点的理财产品，而大数据可以带来精准的客户画像。目前，虽然人们对于理财产品的接受度越来越高，但仍然存在着一大批从来没有购买过理财产品的客户，这部分客户很难精准描述对产品的需求，而大数据则可以对这部分客户的生活消费等多维度数据，特别是关乎风险承担能力的相关数据进行深度挖掘，通过计算与分析，刻画出客户风险画像，同时设计出适应这部分客户的理财产品。另一方面，大数据技术也使得理财更多样化。当前，市场上的理财产品同质化严重，虽然很多时候银行等金融机构都宣称自己的理财产品很独特，但是对于只关注收益率的消费者而言并不会觉得有什么差别，因此，做到风险和收益的更精准刻画是大数据带给理财的另一个变化，这样可以将规模化的理财产品进行一定程度的拆分，针对不同的客户，出售不同的理财产品。

在大数据的加持下，一方面，金融机构更了解客户；另一方面，金融机构更了解产品，从而做到对客户群体和理财产品进行更加细致的分类，对于不同偏好的客户群体，理财产品能够赋予更具针对性的投资内容，这是未来理财产品创新的重要趋势。

其次，大数据还将提高金融机构的风控水平，提高理财产品的盈利能力。虽说与直接投资股票相比，理财产品的风险较低，但并非没有风险，市场风险、信用风险和政策风险等都是影响理财产品收益的风险因素。大数据技术的介入能够显著发挥金融机构的风险防控作用，例如，投资标的若与企业或机构相关，如企业发行的债券或是信托贷款，商业银行等金融机构便可利用大数据对所投企业的相关数据进行分析，实时监测企业的信用状况以及财务状况，严格控制理财产品的投资方向，从而尽可能提高理财产品的盈利能力，而产品收益的提高，也在一定程度上有利于获得更多客户的青睐。

最后，个人信息泄露的风险大大降低。对于个人的风险刻画，势必要采集和利用大量的客户个人信息，在个人信息逐渐实现数字化、线上交易愈发频繁的当下，相较从前客户更重视个人信息的安全性。而在5G大数据时代，技术不仅实现了高速度、大连接和低时延，同时安全性也在不断加强，客户的个人信息安全具有更加可靠的技术支撑，与此同时，授权管理制度也更加严格，客户以及机构主体数据的安全性也将会大幅提升，个人信息泄露的风险大大降低。

理财营销

基于结构化与非结构化数据，更多采用大数据技术后，商业银行得以对所有客户根据标签进行分类，并准确地分析出每一位客户对理财产品的偏好，从而让理财产品的差异化设计与精准营销成为可能，加之5G时代通信技术的进一步发展，将驱动大数据技术的革新，使之更好地为金融业服务。

众所周知，产品再好，卖不出去也不行。利用大数据技术进行目标客户群体的划分，并进行针对性的理财产品设计，不过是商业银行等金融机构进行理财产品售卖的基础，营销才是整个过程的关键，那么，5G 大数据技术在这一阶段能起到怎样的作用呢？

1. 降低客户购买成本

交易的过程是双向的，为了获得更多客户的青睐，售卖方在降低自身成本的同时，还要考虑如何降低客户购买时的成本。当然，成本的内容十分广泛，不仅包括货币衡量的资金成本，还有很多无形的成本，比如时间成本。

在资金成本方面，举一个很简单的例子，如今很多销售环节都采用红包或抵用券的形式，福利销售是各行各业获客采用的常规手段。但由于客户群体过于庞大，销售方消耗了巨额的营销资金，有真实需求的人却可能没有得到优惠，于是会出现“赔本赚吆喝”的现象。大数据技术对于这一现象能够起到显著改善的作用。具体到理财产品的客户招揽上，在拿出部分营销资金以购买抵扣等形式作为红包的背景下，大数据技术能够根据数据分析计算出获取客户的难易程度，从而定制红包大小，这样既实现了客户购买成本的降低，也完成了售卖方营销资金的有效利用。当然，从某种意义上看，这和“杀熟”有一定的相似之处，但这里是“惠熟”而非“杀熟”。我们倡议，不只是金融机构，相关的商业机构也应该合理利用大数据，不能将客户的忠诚当作创造利润的机器。

在时间成本方面，更多可能体现在广告上。由于大数据技术的成功运用，广告投放会更加精准，从而减少客户的产品搜集和对比时间。当然，更贴近事实的一种场景是场内推销，当理财经理向你推销某种产品时，也会减少时间的消耗，当你的风险“体检报告”摆在面前时，你将更加清楚地了解自身的偏好，而不是听信理财经理的“巧舌如簧”。这也在一定程度上解决了理财产品买卖过程中的信息不对称，减少不必要的时间损耗，实现更精准的匹配，提升了客户的使用体验。

2. 提升客户购买的便利性

互联网的普及使得客户在线上渠道进行活动的频率增加，当客户习惯了线上操作，对于金融机构而言，做好线上渠道的建设，就和之前优化网点布局一样，成为理财产品营销的基础设施建设。在 5G 大数据时代，商业银行等金融机构要继续深耕原有业务，同时优化包括手机端、PC 端等线上业务渠道入口的设计，简化业务流程，为客户提供更为便利的业务通道。考虑到当前销售渠道的多样化，网络购物平台、小视频 APP 都将成为客户购买的入口。对于金融机构而言，利用网购平台与相关 APP 所拥有的巨大流量，不仅可以获取更多的数据，得出更精准的客户画像，还能拓宽销售渠道，增加客户购买理财产品的入口，提升客户购买的便利性。

3. 信息实时反馈，增加客户粘性

成功的营销不仅需要在数量上获得尽可能多的新客户，还需要提升客户的质量，在这里，用户粘性是很重要的一项衡量指标。提升用户粘性，除了要有过硬的产品和服务，还要有及时且有效的双向沟通。传统的沟通渠道，包括上门拜访、短信、电话甚至通过微信等手机 APP 进行线上沟通，在实践中总会或多或少地出现问题，如何解决用户沟通问题是当前的重点。

互联网以及大数据技术的发展为解决这一问题提供了方法，即以线上引导的方式代替线下沟通，从而更好地服务于客户。对于老客户来说，提升老客户的用户粘性可以从前后两方面入手。

一方面，可以适当前移营销的介入时间。通过大数据的实时反馈，分析客户的资金流向，判断其投资方向，对于能够随时赎回的开放式理财产品，有了数据的支持和技术的支撑，便可对客户不定期赎回资金的情况进行分析，从而在客户存在资金赎回意向时，及时通知客户经理，客户经理再根据大数据分析得出的客户投资偏向进行针对性的挽留。对于封闭式的理财产品，在资金到期后，一般会转为活期储蓄，此时客户经理也要提前了解到期时间，待产品到期后及时与客户进行沟通，留住客户资源，并进行下一阶段的产品推荐。

另一方面，可以延长产品的服务路径，增加客户在各种理财产品购买渠道的停留时间。这点可以借鉴近年来支付宝的蚂蚁森林以及过年期间火爆的“集五福”活动，通过红包与公益性质的活动吸引客户停留，并以建立金融朋友圈的形式增加客户对渠道的依赖，提升客户对渠道的粘性，在客户活跃度提升的同时，给了客户经理更多与客户沟通的时间和机会，从而可以在此期间有针对性地向客户推荐产品。

此外，线上线下的进一步融合也是 5G 时代值得展望的重要内容。在大数据的支持下，线上线下的融合将在最大程度上实现信息共享，客户在线上渠道的需求也会迅速传递给线下的服务人员，在多渠道的共同响应下，能够保障客户的需求在最短的时间内得到反馈，并为其提供相匹配的最优服务。

5G 与智能投顾

诺贝尔奖得主詹姆斯·托宾说过，“不要把鸡蛋放在一个篮子里”，这个在上个世纪被看作是俚语的句子成为今天人们进行资产配置的信条。由于人类的知识和精力是有限的，为了能更好地实现资产配置，人们开始求助于机器，智能投顾便应运而生。

智能投顾又被称为机器人理财，是指将人工智能技术导入传统金融的投资顾问服务中，根据客户的需求，基于大数据使用计算机程序进行分析、计算，最终通过线上互动向客户提供投资建议，它具有数字化、自动化和智能化的特点，在降低客户费用成本的同时，也提高了交流的效率。

智能投顾的兴起

分散投资是资产配置的核心理念，也是智能投顾诞生的原因之一。其实，早在 1952 年，美国经济学家马科维茨便提出了著名的投资组合理论（Portfolio Theory），阐述了投资组合具有降低非系统性风险的作用，成为现代投资组合理论的基础。此后，众多学者在此基础上研究发现了如资本资产定价模型、APT 模型、有效市场理论以及行为金融理论等成果，并与投资组合理论共同构成了现代投资组合理论体系，而马科维茨本人也因此获得了 1990 年的诺贝尔经济学奖。或许，以我们今天的视角来看，投资组合理论并不是那么难以理解，但实际上，当我们翻阅当时的论文时会发现，课本上只展示了最为基础的内容，文中的假设和推导，即使在今天看来依旧令人叹为观止。

理论应用于实际也花了不少时间，到了 20 世纪末期，分散投资的魅力已然被众多投资者所领悟，但由于当时电子计算能力的欠缺，投资者有依据地进行分散投资的能力有限。当时间进入 21 世纪，随着计算机存储和计算能力的日益提升，尤其是近年来大数据、人工智能等高新技术的出现，投资者开始对投资模型和投资理论的革新有了更多的憧憬和期待。

智能投顾在中国的兴起是在 2017 年，当大数据技术以及计算机算法逐渐成熟之时，金融行业开始思考，是否已经具备了采用投资的智能组合代替人工选择的条件。与传统的人工投资方式相比，智能投顾更加注重是否可以令投资者获得与承担市场风险相匹配的收益，基于此，智能投顾将投资重点放在了资产配置与组合构建方面。未来，随着智能投顾的普及，金融行业的岗位可能也将受到影响，从业者将面临更大的挑战。

5G时代智能投顾的创新性

不过，目前的智能投顾并非完全“智能”，大部分还是采用了现代投资组合理论下的投资模型与投资经理主观建议相结合的做法，其中还是有部分人工介入的痕迹，这一方面是因为当前的技术尚不够成熟，另一方面是因为国内资本市场环境具有一定的特殊性。而5G时代的来临将为前者提供较好的解决办法，更加强大的通信技术将会推动包括大数据技术、人工智能等一系列技术在内的技术革新与颠覆，使金融全面数字化。在投资方面，大数据与人工智能也能考虑更复杂的情况，做出更精准的判断，从而真正实现“智能化”和“自动化”。同时，技术的进步也会进一步加速当前我国金融市场的变革，从而使我国资本市场更加完善，投资者结构更趋优化，减少因特殊性带来的相关问题。

具体来看，5G大数据时代将给智能投顾带来三个方面的改变。

首先是提高服务效率。在传统的理财产品售卖以及后续的服务环节中，通常配备了相应的客户经理或者理财顾问，他们利用自身的专业知识和投资经验，根据客户的实际需求向客户提供投资组合备选方案。我们暂时忽略这种服务形式所提供的投资组合是否存在着主观性较强的问题，单就服务效率而言，一位客户经理或理财顾问在同一时间只能为一位客户进行服务，这在投资门槛逐渐降低、居民理财需求不断增大的情况下显然需要改进。智能投顾以智能化、线上服务的形式，完美地适应了全民理财时代投顾一对多的机构需求，极大地提高了服务效率。

其次是提升客户体验。智能投顾并非只是根据市场的历史表现，遵从“历史会重演”的原则进行资产的配置以及投资时机的选择，而是根据不同客户的投资需求，抓取客户投资大数据，分析其投资目标与投资偏好，给予不同客户个性化、定制化的投资建议。同时，真正的智能投顾可最大限度地避免人工介入，剔除投资经理可能因情绪等主观因素对市场以及投资组合的走向做出错误的判断，也尽可能地避免由于委托代理关系而产生的道德风险。

最后是降低服务成本。相比起传统投顾普遍 1%以上的管理费率，智能投顾依托于大数据与云计算，显著降低了人工成本，其管理费率保持在0.25%～0.5%的低位，收费制度也更加透明、规范。此外，智能投顾不仅没有传统理财顾问可能存在的服务效率边际递减的问题，还会随着客户数量的增加产生规模经济效应，进一步降低服务成本。

5G时代智能投顾功能及展望

根据内容对智能投顾进行分类，可以将其分为智能分析顾问、智能配置顾问以及智能交易顾问三类。智能分析顾问是指基于大数据与云计算，通过分析市场实时、全面的金融信息，结合投资者自身的投资方向、风险偏好，从而为投资者提供投资策略；智能配置顾问主要负责不同客户的资产配置，这在公募基金销售中较为常见，针对不同风险偏好的客户，智能投顾可以首先将理财、基金产品按照风险和收益分为不同的类型供投资者进行选择，此阶段完成之后，还可根据客户的具体需求，在进行更加复杂的计算后对投资组合进行微调，降低投资组合之间的同质性；智能交易顾问，顾名思义是指帮助投资者在市场中完成交易的功能，智能交易顾问会根据客户的风险偏好、资金状况和投资期限等种种具体条件，再结合市场的历史数据，通过算法为投资者生成相应的量化策略，并结合交易市场的实时行情，为投资者进行实时交易。

当前，我国的智能投顾主要面向的人群还是收入较低的年轻人群，一方面是因为当前我国的智能投顾还需要进一步完善，另一方面则是因为年轻人对于金融创新有着较高的接受度。5G大数据时代的来临，会带动数字技术的全面爆发，激发智能投顾的潜力，愈发成熟的大数据、云计算、区块链等金融科技手段将有希望彻底贯彻“智能”的理念，让理财由产品导向转为客户导向。另外，在5G大数据时代，客户对于金融创新的接受度也会随之提高，使用智能投顾的人群也将由收入较低的年轻人群向中产阶级过渡，最终惠及全部人群。

5G与智慧银行

当理财走向智能、投顾走向智能，银行自然也将步入新的阶段。2012年，时任中国银行董事长肖钢对智慧银行的定义是：“所谓智慧银行，是指充分运用先进科技成果和银行经营管理经验，高效配置资源，敏锐洞察引领客户需求，并做出灵活快速反应的一种高度智能化的金融商业形态。建设智慧银行的目标在于：创造最佳的客户体验，提供随时、随地、随心的金融服务”[①]。无疑，智慧银行将成为未来银行的前进方向，在诸多细分领域走向智能化的同时，银行自身会逐步成为一个拥有“智

① 肖钢．坚持科技引领 建设智慧银行．人民日报，2012－09－11（024）．

慧”的有机体。

智慧银行相关概念

智慧银行的提法最早来源于美国，意指传统银行须用创新思维探索客户需求，并借助科学技术和互联网重塑银行发展方式，在银行的战略发展中合理运用“智慧”技术，从而达到银行业务运营方式的革新。

当前，对于智慧银行的科学定义还没有达成统一意见，不过随着互联网的普及和新技术的日新月异，智慧银行作为互联网时代下科技赋能金融后商业银行转型的方向，已经获得了业界的普遍认可。并且，从业者也看到了所谓智慧银行一定是个渐进的过程，在这个过程中，逐渐将银行传统业务与大数据、人工智能、云计算等技术进行结合，实现全渠道的资源调配，推动银行综合业务水平和效率的提升。

为了使大家对智慧银行有一个更加清晰的了解，我们将它的改变分为线上和线下两部分。首先是智慧银行的线上渠道。商业银行的线上渠道是指商业银行通过互联网平台的搭建，在线上即时向客户群体提供业务办理、产品推介等服务，而智慧银行则是对传统线上渠道的升级。具体来说，智慧银行会有以下表现：一是在互联网平台将客户信息、客户需求和产品目标等内容已经连接起来的背景下，通过大数据等技术的介入，起到对业务的智能识别、智能办理以及更高级别的安全监管的作用。二是智慧银行对于金融科技的运用能够保证客户各种数据信息的收录，在增加存储量与计算量的同时，能够对数据做出更为精准的分析和判断，不仅使信息搜集和使用的成本降低，也让客户的需求得到个性化的满足。

其次是智慧银行的线下渠道。线下渠道即商业银行的实体经营网点，虽说在互联网时代客户与商业银行实体经营网点之间的联系已经日渐减少，不过对于一些高价值服务内容而言，线下依然是客户最为信赖的渠道。简单来说，“无人化”经营是智慧银行的主要目标，通过智慧设备终端逐渐代替人工，实现线下网点的自助化和智能化经营，可以有效降低商业银行的人工成本与网点运营成本，从而优化当前商业银行的网点布局，通过实现线上线下资源的整合，使其运转更具效率，同时也为客户提供更加优质的服务。

智慧银行的特点

1. 线上线下渠道相结合

智慧银行更加讲究打通线上线下渠道，使二者形成配合，而不是其中一方取代另一方。线上渠道不能脱离线下网点独立发展。诚然，线上渠道不仅不受时空的限制，还拥有着更多的服务空间和更强的业务创新水平。从未来的趋势来看，银行网点的数量与服务人员必然会越来越少，布局会更加合理，效益也会更加突出。不过，这并不意味着银行的线下网点可以被完全取代。鉴于银行客户群体和业务的复杂性，单靠智能化设备并不能完成所有服务，线上渠道信息搜集也存在着不与客户交流无法搜集到的信息盲点。在智慧银行的打造过程中，智能设备的投放一方面减少了银行网点的经营成本，另一方面也释放了银行网点的专业人才，使其可以有更多的时间从事专业度更高、更加复杂的工作，同时，也能对资源丰厚的客户提供更加优质的服务，实现员工与客户效率的双重提升。

2. 功能性管理更丰富

智慧银行的出现对于传统商业银行功能的提升也是显而易见的。首先，当客户通过智能设备进行交易时，智慧银行的智能后台会自动记录下客户的相关交易信息留存备用，通过大数据等技术的分析，挖掘客户潜在的金融需求，为后续银行各种产品和服务的提供奠定基础。其次，智慧银行所扮演的角色已经不仅仅是机械地帮助客户完成业务的工具和平台，同时也是商业银行进行自我展示的平台。智慧银行通过对自身业务的优化和功能的丰富，促进了银行与客户之间的沟通和交流，延长了客户的停留时间，增加了客户的使用频率，从而让智慧银行也能更好地进行银行自身产品的推荐。最后，智慧银行在风险控制方面的表现更加成熟。通过系统的实时监控，辅以金融科技对风险的评估与感知，智慧银行可以在风险出现的任何阶段都做出最适时的调整，保障资金账户安全，维护客户与银行利益，真正做到事前预警，事中跟踪，事后处置。

3. 大数据利用与信息共享更频繁

大数据与云计算的利用是智慧银行崛起的主要原因。在互联网时代商业银行线上渠道已经积累了海量数据的基础上，技术的合理运用为商业银行深入探索客户的金融需求、风险偏好等目的的实现提供了现实支撑，使银行业务可以朝着专业化、全面化、精细化发展。金融科技的日新月异，尤其是大数据等技术在提高智慧银行运转速度的同时，也提升了准确性，促进了效率的增长。当然，更为重要的是，数字化金融所带来的数据共享有效地化解了“信息孤岛”现象，不仅实现了商业银行线上线下渠道的打通，更实现了客户与银行间、银行与银行间、政府与银行间以及监管机构与银行间的数据交流。

5G 时代智慧银行展望

金融科技的快速发展为智慧银行的未来发展增添了助力，而在 5G 开启的万物互联时代，人们对智慧银行的未来有了更多的期待。那么，为什么不是 2G、3G、4G，而必须是 5G 呢？这是因为，相比前几代通信技术，5G 除了速度有了极大的提升之外，能够支撑的应用也更为丰富。如 VR、AR、人工智能、自动驾驶甚至全息投影等应用，是真正能够实现“万物互联”的关键技术。对于金融行业来说，5G 所特有的高速度、低时延特点能够显著加强金融“实时”的属性，商业银行的营销手段、支付手段和安全手段等各项功能，在 5G 技术的加持下给了人们更多的想象空间。

1. 个性化金融产品的推出

智慧银行的全面铺开是商业银行传统业务由粗放式经营向精细化经营过渡的重要契机，尤其是在银行产品方面，大数据、云计算等技术的应用，让银行产品可以实现由批量生产向个性定制转换。智慧银行利用海量数据和多种技术对客户需求进行深度观察，以多维度理解客户，多角度迎合客户，从而设计出更好的产品以满足不同客户的个性化需求，并根据客户咨询、办理业务的实时场景进行精准推送。

2. 普惠金融的推进

金融理应具有普惠性，互联网的快速普及让金融更加贴近客户，智慧银行的出现则加速了金融的普惠性发展。数据的爆发为商业银行了解各类客户需求提供了基础，尤其是以往在金融中常常受到忽视的“长尾客户”，他们曾经因为商业银行自身的经营成本问题及其所遵循的“二八”原则，即 20％的客户创造了 80％的利润而遭到了商业银行的选择性忽视。高度碎片化是长尾客户的主要特点，分开来看，他们体量小，业务杂，然而把他们聚在一起也能产生巨大的价值。在 5G 大数据时代，金融科技的发展为商业银行抓取和把握长尾客户提供了解决方案，智慧银行完全可以通过大数据等技术的分析成果，针对长尾客户群打造出更适合他们的小额信贷、投资理财产品和服务，在满足长尾客户需求的同时，降低服务门槛，从而惠及更多客户，真正推进普惠金融向纵深发展。

3. 线上线下智能融合

在大数据、人工智能等科技的支持下，商业银行无论线上线下的渠道都得到了科技的赋能，实现了智能化的转变，从而自动针对客户需求开拓各种新业务。一方面，线下渠道引入智能设备，推进智能金融服务一体机的普及，通过智能设备让客户感知智能投顾服务、智能咨询交互等智慧银行的特有属性，以个性化服务、沉浸式体验为新的线下一站式服务特点。另一方面，不断丰富线上渠道的功能，将全品类、全方位的产品和服务提供给线上客户，增强银行的线上营销能力，拓宽银行的线上获客能力，通过远程服务、实时服务实现线上线下对接，让客户足不出户便可感受到 5G 时代金融服务的魅力。

5G 与金融监管

在很多发达国家，例如德国和日本，银行贷款占到企业外部资金来源的近80%，当然，这个数字在我国可能更高。银行在企业贷款过程中的突出重要性，是相比于企业其他筹资方式，银行能够更好地进行信息甄别，并且在赚取收益时避免免费搭车的问题，其中的缘由各类经济学教科书已经做了详尽的论述，此处不再赘述。

银行在金融市场中的重要性对监管提出了新要求，在银行贷款占比较高的国家，银行在市场上可谓是举足轻重，其自身的影响也非常大，一旦发生风险事件，对于金融市场乃至整个经济的影响同样巨大。简单来讲，当实现了收益，银行赚钱；而当银行经营亏损，有时则由社会来承担。在这样的情况下，银行自身的道德风险值得关注。因此，在承认银行重要性的同时，也得同时承认监管的重要性。

当然，金融监管不仅涵盖了商业银行系统，还包括非银行金融机构、债券市场和股票市场等。随着金融产品创新速度的加快，监管有时会出现滞后的问题，只能以创新来应对它所带来的问题。

大数据与金融监管

作为最早运用大数据的国家，美国早在2001年就已经将大数据用于股票市场的监管，美国全国证券交易商协会（NASD）在当年开发了名为SONAR的自动监管系统，主要对美国境内多个证券市场的内幕交易以及诈骗行为进行监控，时至今日，SONAR 系统已经向美国监管当局提交了近 200 例市场违规的案例。

不过，更具现代化的金融监管还要到 2008 年后，金融危机爆发让人们看到风险数据的采集还存在着很大的缺失，同时，日益发展的技术推动了大数据在金融监管方面的更多应用。在我国，深圳证券交易所于 2013 年首先自主研发并上线了大数据监察系统，以用来对市场进行实时监控，做到了预警监控机制的实时性、指标体系的科学性以及数据分析的智能性，这些都是我国资本市场金融监控的重大突破。2016 年 10 月，由上海市金融办牵头承建的“上海市金融业态监测分析平台”成功上线，通过对目标区域内企业金融信息的采集，对其风险性进行筛选与定位，并建立了一套针对金融企业的相对成熟的事前预警、事中监测和事后处置的实时监测机制，极大地提高了金融监管的效率。此外，2017 年由成都市金融办牵头建设的“蓉金卫士”新型金融业态监测分析平台和贵州已经投入运行的全国首家省级“金融云”平台，也代表着其他省市对于大数据时代全新金融监管体系建设的重视。

海量数据的积累和大数据技术的发展使其在金融监管方面展现出了不同于传统监管方式的精确性、完整性和时效性，为新时代的金融监管提供了技术支持。具体而言，大数据技术给予金融监管一些新的特性。首先，大数据技术提升了金融监管的精确性。金融信息是金融监管的基础，在传统的金融监管方式下，无论是数据的数量还是质量都存在着一定的缺陷，且由于处理能力的不足，即便是对待有限数据，金融监管也无法做到对数据100％的分析和利用，在这种情况下得出的分析结论不仅存在着和全行业的实际情况不符的现象，就算只考虑样本数据的来源，也存在着与事实相悖的可能。要知道，金融行业对于数字的依赖性远大于一般行业，对于分析的精准性要求极高，若是无法对金融风险进行合理的测算，轻则减少利润，重则导致危机。

大数据技术的出现很好地解决了这一问题。一方面，大数据技术所基于的海量数据来自通信技术革新后金融业多年以来的积累，它包含了金融监管目前所能获得的方方面面的信息。简单来说，金融监管的数据来源已经变成了全行业、全样本，样本即总体，以此得出的分析结论具有一般性。另一方面，大数据技术强大的计算能力是金融监管机构在获取全样本数据后得出可靠结论的重要依托，通过大数据技术的分析和计算，监管机构能够精准地获得分析结果。

其次，大数据技术提高了金融监管的完整性。金融业覆盖的范围极为广阔，金融业的内容也极为复杂，银行、证券、保险等领域每一项单拿出来，市场都极为庞大，也存在着巨量的数据。随着金融市场的发展，虽然细分领域都有专门的监管机构，但在传统金融监管思维下，由于信息不全、信息不对称、信息交流受阻等因素的存在，很难实现对整个金融业的有效监管。特别是“数据孤岛”的存在，使得不法分子极有可能运用不同市场监管分割的空隙进行一些隐蔽的犯罪，这就让监管变得既耗费大量人力，又很难做到及时有效，因此大数据时代更强调的是整体性。

同时，由于技术的限制，以往对金融风险测算的方式只能通过固定的指标进行，存在着一定的片面性。而今天，通过整体数据的分析，我们可以用相关性代替经验上的因果性，做到对风险的精确刻画。其实，大数据技术不仅能通过强大的分析能力提高监控指标的丰富性，更为重要的是，资源整合的理念会推动数据共享的实现，使金融机构在不同细分领域的活动得到更加全面的刻画，以一个整体的角度对金融机构的风险进行准确的度量，最终完成整个金融体系的风险定位。

再次，大数据技术提高了金融监管的时效性。在当今这个技术日新月异的时代，金融市场瞬息万变，金融数据的产生相比以往任何时期都要更加迅速，这也就要求金融监管必须与当前快速变化的市场形势相适应，不仅需要在短时间内完成监测与判断，还要尽量做到动态监测。传统金融监管显然无法满足这一需求，除了技术手段受到一定的限制外，数据的获取也具有滞后性。

大数据技术的引入让金融监管步入了数字化的快车道，通过实时获取金融机构以及金融企业的数据，利用技术进行第一时间的分析、测算，及时对金融市场进行监测，大幅提高了金融市场监管的时效性。当然，这个过程既有大数据技术的功劳，也有通信技术进步的功劳。不过，通信技术的相关话题我们会在后面专门来讲。

最后，大数据技术提高了金融监管的透明度。金融市场监管的一个重要问题就是透明度问题，我们总会听到监管机构要求企业进行信息披露，目的就是加强市场的信息透明度。但信息透明度不仅仅关乎信息的披露，还在于数据的解读。在证监会强制要求企业进行信息披露的规定出台之后，越来越多的公司开始在报表中大量使用模糊的用语，这给审计和法律定性带来了巨大的压力。可以说，很多时候并不是监管部门工作不到位，而是部分企业太狡猾。进入大数据时代后，可视化技术为问题提供了解决办法。可视化降低了数据的解读难度，通过将数据背后所隐藏的经济含义转化为易于理解的图标图形，让监管人员可以更深入地了解金融业的潜在风险，并进行有针对性的处理。当然，我们不能寄希望于科技能够完全消除这类“打擦边球”的行为，真正的问题永远还是人心。

5G 为金融监管带来了什么

监管不仅有准确性的问题，也有时效性的问题。实际上，大数据仅仅是通过对全行业甚至是相关行业的数据进行分析从而得出金融机构的风险状况，但无非是赋予了更快的分析处理速度，而数据的传输还是要依靠通信技术，并且也只有到了 5G 时代，才能真正实现金融行业的互通互联。

5G 技术的出现让金融监管得以突破原有的监管局限。5G 技术具有低时延、高速度等特征，通过科技赋能的形式让金融监管呈现出了新的面貌，其原有的信息获取渠道单一、信息可靠性不足、信息滞后性较强等问题，在 5G 时代都能得到较好的解决。5G＋大数据，可以形成从数据收集到处理再到反应的一体化的快速响应预警机制、快速响应监管机制以及快速响应查处机制，在准确性、可靠性得到保障的前提下，及时有效的监管对企业具有无形的震慑力。在 5G 大数据时代，金融监管体系将更多的侧重点放在快速、及时性方面，令金融监管更加适应时下瞬息万变的要求。

当然，5G 在金融领域并不只是加快了数据的生产和采集，还有更多的积极意义。5G 技术赋能金融行业，会带来金融业的巨大变革，催生出更多新业态。

5G 金融具有全局性。5G 的泛在网、万物互联特点有利于金融监管机构整合全国金融信息，通过所收集的丰富金融信息，分析金融机构与金融企业的内在风险，站在全局的角度考虑风险的大小与可能产生的影响，这不仅能够对金融机构的违规操作及时进行判断与惩处，对于非法金融组织的诈骗行为更是一种强烈的震慑，从而增加了金融监管的前瞻性、有效性和及时性。此外，在数据共享的背景下，分业监管的模式将会改变，分地区、分行业的现有监管体系很可能被全行业性质的统筹式金融监管所替代，金融监管的混业监管模式或将到来。

这也正好反映了金融监管近年来的理念转变，从微观审慎向宏观审慎。在大数据应用普及度不高的时候，宏观审慎应用起来并不是那么有效，但5G与大数据的结合有望实现高效的宏观审慎，有利于监管部门对整个金融市场以及社会经济进行实时掌控。

形成全局性掌控后，金融监管盲区将不复存在。在以往的金融监管中，监管活动往往受到场景的限制，导致有部分监管活动难以开展或者得到的反馈不太具有参考性，5G大数据可以起到打破金融监管场景限制的作用，使金融监管无论在横向还是纵向水平上，皆能完成深度监管，消除监管盲区，从而防患于未然。

第七章　数据治理：5G 大数据打造智慧政府

互联网＋、大数据与政府政务

党的十九届四中全会明确提出，“建立健全运用互联网、大数据、人工智能等技术手段进行行政管理的制度规则。推进数字政府建设，加强数据有序共享，依法保护个人信息”。很多人以为互联网＋、大数据只能应用于商业，实际上，大数据带给社会的变革是广泛的数据采集、精准的数据分析以及及时的数据响应，而这些在政府工作的方方面面都能应用到。

2020 年初，新冠肺炎疫情最先于武汉暴发，在这次新冠肺炎疫情的防控上，大数据便显示出了巨大的作用，最初的社区排查就是依靠大数据背景下的居民出行分析，得出密切接触者的相关数据。互联网＋网格化成为我国此次防控疫情的有力抓手。因此，能否深刻把握大数据时代的社会运行规律、充分利用大数据等信息技术重构政府运行流程，对于推进国家治理体系与治理能力现代化具有重要意义。

政务大数据，迫在眉睫

在了解大数据与政务公开之前，首先要对大数据时代政务公开的背景进行简要介绍，大数据＋政府政务之所以在当今受到广泛关注，以下两方面的因素缺一不可。

1. 技术进步为政府政务引入智慧概念提供了可能

技术的飞速发展让各行各业都有机会借助互联网平台实现产业转型升级，催生新业态，“互联网＋”的概念也因此应运而生。近年来，“互联网＋”不仅在国家层面被大力推广，在行业层面也得到了广泛应用。在具体实践中，“互联网＋医疗”“互联网＋金融”“互联网＋教育”等成功经验也向我们展示了互联网与各行业融合之后的广阔前景。

从某种角度来讲，政府可被看作是一个经营国家的企业，因此，不同于特定企业发展时获取数据仅限于特定的客户群体或是相关的行业数据，政府政务需要采集所有人的数据，并且涵盖生产生活的方方面面，因此数据量的规模远在企业之上。不过，认为政府政务数据是微观数据的加总也是不对的，政务数据往往只需要概括性的数据，而不像企业那样需要非常精确的数据，但即使如此，庞大的数据规模以及多样化的数据内容也决定了政务数据的处理难度更大。

2. 政府职能转变带来的迫切需要

推进国家治理体系和治理能力现代化是我国全面深化改革的总目标，那么什么是治理呢？武汉大学教授丁煌表示，新时代国家治理理念的来源，是习近平新时代中国特色社会主义思想；新时代国家治理的架构是党领导下的多元主体共治体制，扮演“元治理”（即“治理的治理”，是指对市场、国家、公民社会等治理形式、力量或机制进行一种宏观安排，重新组合治理机制）主体角色的是党政机关，以及包括市场组织、社会组织和广大民众在内的非政府主体；新时代国家治理的方式是基于民主与法制的多方协商、民主参与、依法治国，其中基础是协商。

在推进国家治理体系和治理能力现代化的过程中，转变政府职能便是一环。近一个世纪以来，行政管理学家一直在探讨国家的角色，如今主流的观点认为，国家应从掌舵人的角色转变为划桨人。何为划桨人？就是发挥政府服务职能，维护市场秩序，维护群众利益，维护国家安全。

但这种转变并不是一朝一夕便能完成的，服务所需的数据量和数据类型的快速增长使我国政府部门面临资源和数据“碎片化”的问题，部门与部门之间存在着较为明显的“信息孤岛”，不仅不能发挥协同效应，更造成了政府部门资源与建设的浪费。

这就凸显了大数据的重要性，政务大数据之于国家治理就如同企业大数据与社会大数据之于企业和社会。根据相关统计，政务大数据占全部大数据的 80%左右，这再次说明了政务数据的庞杂与重要，但政务大数据的重要性不只体现在量上，还体现在所具有的权威性和可靠性上。

大数据赋能政府政务

大数据技术的快速发展让政府看到了复杂政务数据处理的曙光，通过对大数据技术的探索，大数据在政府政务中的应用愈发普遍。例如，在政府市场监管方面，政府通过获得农业部门、食品监督部门、金融监管机构的数据，实现对整个市场的管控；在政府政务方面，在大数据技术的应用下，看似冗杂的各部门数据可以得到整合分析，进而提出最有效的建议；在公共服务方面，更强大的计算能力能够让政府更加从容地面对城市拥堵、空间不足等问题，从而形成最具效率的解决方案。

当然，大数据对政务越是重要，也就越凸显出政务数据的开发分析与处理系统的急迫性。幸运的是，早在数年前，国家就对“互联网＋政务”给予了相当的重视。2016 年 9 月，国务院印发了《关于加快推进“互联网＋政务服务”工作的指导意见》，并对加快“互联网＋政务服务”建设做出了总体部署。随后，建设政务互联网平台，上线在线政务办理系统成为各地政府践行“互联网＋政务服务”的主要工作内容。

当然，仅仅完善线上政务办理系统并非互联网时代政府政务向智慧政务转变的本质意义，创新行政管理与公共服务模式，提高政府运转效率，更好服务居民才是智慧政务的应有之义。大数据技术的引入赋予了“互联网＋政府政务”新的内涵，将政务的服务内容拓展到了公民与企业业务办理之外的部分，社会治理、城市监管和市场管理等都在其中。大数据技术转变了政府决策方式，提升了政府决策能力，在大数据平台建设后，“系统烟囱”和“数据孤岛”的问题得到了很好的解决，在数据共享的背景下，多级政府联动，政府汇总、存储的数据经过系统统一测算，其利用率得到有效提升，在提升办事效率的同时，让政府能够根据大数据技术精准测算的结果进行决策，建立了更加科学的政策制定体系。

智慧政府服务理念转变

新时代，推进国家治理体系和治理能力现代化是政府建设的目标。其中，建设智慧政府是实现国家治理体系现代化的一条重要路径，同时也是治理能力现代化的重要内容。智慧政府的主要特点在于，它以大数据技术为主的信息技术作为技术依托，同时，各级政府的服务理念开始转变，即打造“以人民为中心”的政府。

更具体来看，智慧政府强调线上服务平台以用户体验为导向。实际上，早在 2016 年，李克强总理就在第十二届全国人民代表大会第四次会议上所作的政府工作报告中提出，要“大力推行‘互联网＋政务服务’，实现部门间数据共享，让居民和企业少跑腿、好办事、不添堵”。相比如今已经全面铺开的电子政务，智慧政务更加强调以人民为中心的服务理念，除了要大大提高政府的运转效率之外，淡化政府的政治属性，强化其服务社会的属性也是智慧政府建设的另一大目的。

在线上服务平台的建设过程中，线上政务办理要从用户需求出发。对于用户而言，在业务办理的过程中，化繁为简才是最受欢迎的方式。当然，这种方式的实现必然会使后台处理更加复杂，但随着大数据等信息技术的发展，后台复杂的数据处理也并非难题。另外，若只是单一平台业务办理变得简便，不同业务还需要去不同平台进行单独办理，并没有起到便民利民的效果，信息技术的革新能够打破不同部门乃至不同层级机构之间的信息壁垒，实现数据共享，通过“数据多跑路”，让“群众少跑路”。

服务理念是技术赋予智慧政府的一大改变。将政务处理变得更为人性化，其实并没有反映出其智慧的特点，而通过数据抓取，精准定位用户需求才真正实现了智慧。用户的个性化需求并不仅仅体现在生产和消费活动中，政府政务中也存在着居民和企业的个性化需求。考虑到我国巨大的人口基数，政府政务需求的多样性体现得更为明显。面对愈发复杂的社会需求，大数据技术的应用让政府得以对居民和企业的需求进行有效抓取，通过了解居民或企业在政府部门的业务办理倾向和诉求，在丰富业务类型、优化自身业务办理系统的同时，还能对当前社会居民和企业所关心的政府业务事项做出轻重缓急的划分，有针对性地进行资源倾斜，为社会最为关心的业务办理配备更多的政府资源，从而达到资源的最优配置。

“用户至上”是互联网时代的核心，这样的理念同样也适用于政府治理。从互联网时代开始以来，政府部门就积累了海量的社会数据，在大数据等信息技术的加持下，这些数据能够发挥最大的效用，用数据解析社会需求，为智慧政府建设打下基础，也为政府面对动态变化的社会需求能够做出及时改变。让事项围绕着群众跑，而不是群众围绕着事项跑，通过政府权力事项清单的调整，适应社会实际需求，提前预知，提前部署，提升群众办事效率。

智慧不仅仅体现为一个静止的维度，还体现为动态的自我创新改革。智慧政府在大数据的赋能下，可开展主动式服务，不同于突出线上业务办理的用户体验以及按照用户需求进行业务的被动调整，主动式服务意味着政府将会不断地进行数据分析，开拓政务新领域，做到先知、先觉与先行。

政府为服务人民而生，那么政务也应以服务人民为首。比如在业务审批环节，要深化“放管服”改革，持续推进一站式审批服务模式。为了达成这一目标，政府部门必须实现线上线下业务办理的同步，集中政府审批业务，线上升级软硬件设备，构建、优化数据平台，线下整合不同机构不同部门，优化业务办理流程。而针对民众关心的业务办理进度查询问题，通过各级审批机构的数据对接，进行信息的及时更新，让民众可以实时查询最新的业务办理情况。

“大数据＋政务”示范案例

1. 上海：数据驱动智慧政务

作为全国探索公共数据开放最早的城市之一，早在2012年，上海市就已经在公共数据的开放与应用方面展开了研究。近年来，随着大数据、人工智能等技术的逐渐兴起，上海市也加快了自身建设大数据资源平台的脚步。2018年9月，上海市出台了《上海市公共数据和一网通办管理办法》，对上海市数据的统一管理机制建设予以立法支持；2019年8月，上海市又出台了《上海市公共数据开放暂行办法》，明确了公共数据开放在安全方面的有关事项，并提出到2020年，上海市要建成贯穿数据全生命周期的大数据资源平台，构建大数据生态体系。

在数据驱动的智慧政府目标建设中，上海市政府在居民、企业的业务办理过程中，遵循“线上求速度，线下现温度”的原则，力求又快又好地办好业务，达到便民利民的效果。以徐汇区为例，其全国首创的24小时自助政务服务工作台，打破了传统政务办理过程中的时间限制，将业务办理的时间从8小时的人工工作时间延长到了24小时，自2020年1月徐汇区田林街道社区在引入了公安窗口入驻、智能档案柜改造以及24小时自助服务升级三大功能之后，徐汇24小时全天候的政务服务体系已经成功覆盖商圈、园区、社区。徐汇在智慧政务方面的成功转变是整个上海市努力共建智慧政府的缩影。

在纪录片《大数据时代》中，上海社区工作人员运用大数据技术，很好地做到了对社区内孤寡老人的照顾，通过先进的传感器技术，机器可以主动对老人的身体状况或是房屋情况进行预警，从而帮助社区工作人员及时前往解决问题。科技赋予这个社会的不再仅仅是冷冰冰的生产力，而是人与人之间的亲密和温暖。

2. 杭州：区块链助力政务

2019年，杭州市数据资源管理局公布了其首条政务区块链底层系统——“政务服务链”，而在公布之前，这条服务链已经在杭州市试运营了半年的时间，效果显著。

区块链技术的引入与杭州市“最多跑一次”的政务服务理念不谋而合。在最开始的试用阶段，考虑到区块链技术在数据共享、数据安全方面可以起到的重要作用，杭州市首先选择了“可信身份认证”作为试点业务。“可信身份认证”的提出，主要是因为在互联网时代，网络既具有使命认证的需要，同时又存在个人信息安全的问题，在这种情况下，通过技术对个人信息进行处理和加密就显得十分重要。区块链技术的引入，让杭州市居民的个人信息得以“上链”，在对居民个人信息加密、提高信息安全的同时，也方便了政府机构在需要使用居民个人信息进行业务办理时的信息提取。

“可信身份认证”是杭州市在“政务服务链”试运行阶段的一次成功尝试。未来，区块链技术也会在杭州市政府政务的更多场景中出现，通过上层拓展应用、下层开拓节点，更好地提升政务服务效率。

智慧政务以信息为依托的特点，确实让不少居民对数据安全问题产生了忧虑。好在科技在赋予数据更大活力的同时也能够处理安全的问题。例如，2019 年，京东在智慧城市建设上对这个问题进行了特别的说明：京东运用联邦数据网关，使用安全加密算法、联邦学习算法等先进技术，在不同机构之间搭建起安全、智能和高效的连接，实现原始数据在不出库情况下的知识共享，在保证数据接入安全和建模安全以及数据交互安全的情况下支撑合作机构间对模型、数据等服务进行联合运营、科学分润，最终形成数据联盟，实现合作共赢的目标。

3. 山东：电力“一链办理”成果卓著

电力的获取与接入是企业生产和居民生活的重要内容，为了继续推进优化营商环境、方便居民生活，截至 2019 年底，山东省内 16 个市全部实现了电力介入行政审批的“一链办理”。企业的“一证办理”和居民的“零证办理”是山东省电力系统此次改革的目标和成果。为了完成这一目标，山东电力会同多部门联合接入线上审批系统，同时利用大数据和区块链技术实现了信息共享，打破了省市县三级政务平台间原本存在的信息壁垒，在各级存档信息得以共享的前提下，电网企业线上业务办理效率大大提升，用户“最多跑一次”成为现实。

智慧政府打造智慧城市

当前，我国电子政府的建设已经取得了不错的成果，方便了居民生活、提升了政府办事效率，随着信息技术的快速发展，智慧政府已经成为我国建设电子政府下一阶段的发展方向与追求目标。在党的十九大报告中，习近平总书记首次提出了“智慧社会”的概念，并明确提出要建设智慧社会。智慧政府是智慧社会建成的前提，而智慧城市则是智慧政府建设的主要成果。

随着信息技术的全面发展，打造智慧城市已经成为新时代政府实现治理体系和治理能力现代化的重要手段。早在2008年，IBM公司就曾提出过“智慧地球”的设想，期望最终以城市为单位打造智慧城市，并通过全球的智慧城市引领世界走向繁荣，虽说以当时的技术手段暂时无法实现这一构想，但互联网以及科技的快速发展让诸多国家都对未来抱以乐观态度。随后，美国、新加坡、欧盟等先后将智慧城市上升到国家或地区的战略高度。在2011年底印发的《国务院关于印发工业转型升级规划（2011—2015年）的通知》中，我国也首次提出了“智慧城市”的概念，同时明确了智慧城市的应用领域，之后，国务院发布了三批智慧城市试点名单，截至2016年底，全国就有近600座城市成为智慧城市的试点。

智慧城市的最主要特点，是将新一代通信技术运用于城市建设当中，通过科技赋能各行各业，提升城市管理成效，改善居民生活质量。在5G时代已经来临之际，大数据、人工智能、区块链等新技术将得到进一步发展，智慧城市的建设势必更上一层楼，其应用场景也将更加丰富。

5G赋能大数据产业

在2019年的互联网大会上，中国互联网协会副理事长高新民对中国电子政务的建设进行了回顾，并提到我国电子政务发展历程中的三个重要节点：一是 1993 年 12 月，国务院召开国民经济信息化联席会议，并在会议上确立了以“金桥、金卡、金关”为代表的信息化工程的实施；二是 2002 年 7 月，国务院发布文件，提出了国家电子政务建设规划指导性意见；三是 2015 年，国务院正式发布“互联网＋”计划，旨在通过互联网平台建设及大数据技术的应用，解决政务信息化所一直面临的“三难”（互联互通难、数据资源共享难、业务协同难）问题，从而实现“三通”（网络通、数据通、业务通）。

相比起传统的电子政务服务模式，如今的电子政务在数据、平台和技术三方面都有了质的飞跃。2019 年 6 月 6 日，工信部正式向中国移动、中国联通、中国电信与中国广电四大运营商颁发了 5G 商用牌照，我国也因此成为世界上 5G 商用较早的国家。5G 并不是简单的“4G＋1G”，除了在速度方面拥有数十倍于 4G 的峰值速率、毫秒级的传输时延以及其他功能，大数据、人工智能、边缘计算等新一代技术的引入，更是为电子政务向智慧政务蜕变，从而为打造智慧城市和智慧社会插上了腾飞的翅膀。

以大数据产业为例，5G 的高速度、泛在网、低功耗、低时延、万物互联和重构安全体系六大特点已经为人们所熟知，那么具体到大数据产业，5G 的应用又会为其带来哪些改变呢？

首先，数据量和数据类型更加丰富。通过提高速度和降低时延，5G 让单位时间内产生的数据急剧增加，原始数据的规模会变得更大。随着各种 5G 应用的全面落地，物联网将得到进一步发展，所采集的数据量出现显著增长，人、机、物之间的连接更加紧密，万物互联的真正含义得以体现。在数据类型方面，4G 时代的数据关系主要建立在人与人之间，而 5G 时代，人与物、物与物之间的连接更多、更快地被建立起来，数据采集的渠道因此变得更为丰富，数据类型大幅增长，无人驾驶、智慧医疗和智慧能源等新应用模式将会创造出全新的数据类型，VR、AR 等非结构化数据也会出现大幅增长。

其次，5G 带来了大数据技术和边缘计算技术的不断发展。数据量的增长和数据类型的丰富一方面为大数据技术的应用打下了基础，另一方面也对大数据技术提出了更高的要求。5G 所展现出的新特点对于未来的大数据技术而言，能够良好地匹配其在算力、数据处理等方面的要求，并进一步促进数据挖掘和可视化等功能的发展。所谓边缘计算，简单来说就是指要在靠近物或者数据源头的一侧，通过集网络、计算、存储和应用等功能为一体的开放式平台，就近提供近端服务，即将大量的数据分析下沉到更加靠近应用的地方，其优点在于降低运算成本，提高计算速度。5G 时代的到来对于边缘计算技术的提升也是全方位的，数据处理速度将会得到提升，数据应用边界也会被打破。IDC 公司预测，到 2020 年，物联网的支出规模将会达到

1.3 万亿美元，全球大约 43%的数据都会在边缘被处理，而随着 5G 时代的到来，物联网所需的设备、所产生的数据还会大幅上涨，边缘计算技术的应用也会更加广泛。

最后，5G 将会促进大数据与人工智能的协同发展，并丰富应用场景，推动更多的应用落地。大数据技术与人工智能已经出现多年，但人工智能所需的算法及对应的庞大数据量长期无法得到满足。4G 时代，虽说数据规模在不断上升，但数据所带来的传输和存储的压力也越来越大，如何解决大数据与人工智能的协同发展，一直是 4G 时代所面临的难题。5G 时代，大数据与人工智能发展的短板得到补足，更快的速度、更低的功耗与更有效的算法为人工智能的发展提供了技术支撑，大数据技术的商业价值也因此更加丰富。华为 2019 年发布的《5G 时代十大运用场景》白皮书，提到了多项垂直应用，如云 VR/AR、车联网下的无人驾驶、智慧城市中的 AI 监控等，都与大数据技术紧密相关。

当然，5G 时代的来临让人们对智慧政府的建设有了更多的期待，5G 技术的应用将带来政府政务应用和处理技术的升级，除了已经在政府工作中扮演了重要角色的大数据技术，其他的一些技术同样值得人们期待，特别是人工智能技术，它可以帮助智慧政务真正拥有智能化的含义，尤其在交通、环保、公共安全和市场监管等方面将发挥重大作用。

智慧城市之智能客服

以群众办理业务为例，人工智能技术的应用将赋予智能客服全新的意义。作为在线服务的重要部分，传统电子客服都是在既定的程序设计下，根据用户的提问进行回答。面对用户的咨询，若是用户没有按照设定的选项选择需要咨询、办理的业务或其问题没有包含电子客服信息库中的关键字，电子客服就很可能无法解答用户咨询或办理业务，最终用户还是要转到人工客服。这种情形，当我们在进行网购和店家聊天时经常会遇到，而这样的客服顶多只能算是机器服务，并不能称之为智能。那么，人工智能加持下的智能客服有什么不同呢？其实，人工智能的客服是一个自适应的系统，与传统客服不同的是，你的问题将会在多技术环境下被解答，包括语音识别、自然语言处理、语义分析、知识检索和语音合成等多项技术。因此，无论用户是用语音通话还是文字交流，智能客服都可以对用户的需求进行实时解析，在理解了用户的实际需求之后，基于大数据下的信息库，智能客服可以准确地找到用户所需，并通过简单易懂的文字或语音向用户传达，提升了工作效率和用户满意度。

智慧城市之智慧法庭

5G 时代，传输速度的提高是人们在生产生活中感受最为明显的地方，其10Gbps的传输速率远超4G网络，这样的速度也大大提高了司法办案的效率。简单来说，法院与法院之间、干警与干警之间、法院与干警之间的数据传输速度更快，使得不同单位和个人能够更加及时地获取第一手资料。具体而言，4G时代数据的爆发让各级人民法院都积累了海量的数据，然而，技术手段的限制导致了“数据孤岛”的存在，这些数据分别被储存在不同的介质中，相互隔离，不能跨区和跨部门使用，5G网络的出现可以较好地解决这一问题，不仅在“数据孤岛”间架起了数据交流的桥梁，更可以凭借其低功耗的特点让数据使用主体得以通过区块链技术保证数据的安全性。未来，法院办案时所使用的智能系统也有了更加丰富的内容，除了文字等书面内容之外，也能存储更多的音频、视频等文件，让案发现场还原更加直观，让判案断案更加清晰。

在这里，我们不得不提一下区块链技术对于司法存证的巨大帮助。区块链技术又被称为分布式账本技术，简单来说，区块链是一个分布式的共享账本与数据库，它按照时间顺序将每一次交易所形成的信息存储于区块中，每隔一段时间便会产生一个新的区块，然后将这些区块相连形成链式数据结构，在密码学的加持下，这些链式数据结构最终将会变为不可篡改和伪造的分布式账本，并具有去中心化、开放性、独立性、安全性以及匿名性的特征。区块链不可篡改、可溯源以及安全的特性使其能够与司法领域产生较好的化学反应，尤其是在电子证据愈发普遍的今天，区块链技术的日趋成熟是电子证据真实、可靠的重要保证。

以广州为例，2019 年 4 月，在现有的智慧法院建设的基础之上，广州中级人民法院与广州联通联合签署了《广州 5G 智慧法院建设战略合作协议》，正式启动了全国首个 5G 智慧法院的建设，合作旨在以 5G 技术为核心，同时辅以区块链技术，进一步打造智能法务平台。该项目通过联盟链的形式，连接了包括广州互联网法院、广州中级人民法院、广州市人民检察院等 9 个相关机构和单位作为区块链节点，并与百度、阿里、腾讯、京东在内的 30 多家互联网企业合作，接入其数据，确保能够为群众提供高效率、低成本的司法服务。据统计，自 2019 年 4 月广州开始利用区块链技术打造智慧法院以来，在短短的半年时间内，“网通法链”的存证数量已经超过了 24 万条，成功帮助当事人将诉讼时间由原先的 108 天缩短为 36 天。

在 5G 时代，智慧法院的另一大亮点是虚拟助手的功能强化。虚拟助手以前也出现过，只是受制于数据传输速度和人工智能程度的影响，在实际的使用过程中并没有太大的帮助，绝大部分工作还是需要人工完成。然而，5G 网络的普及赋予了虚拟助手新的生命，不再受时间和地点的限制，也不用担心业务繁忙造成的质量下降。智慧法院的虚拟助手能够通过多平台开展法律咨询业务，即使用户众多也能提供同样高质量的服务，同时，虚拟助手将在司法服务的各个阶段对办案过程起到帮助，无论是立案之前，还是诉讼进行中，抑或是判决之后，虚拟助手都能从各个端口，如法院线上平台、大厅智能终端、法院线上网页、手机 APP 等发挥自己的效能，在能够以无人化服务推进法院职能效率提升的地方最大限度地进行服务改革。另外，作为人工智能，虚拟助手还具有学习能力。通过以往数据的积累，服务客户经验的增加，虚拟助手不仅能够学习到法律知识，还能通过扩充自己的法律案例库生成自己的算法。基于此，虚拟助手未来可综合法律知识与案件实情，形成自主断案的能力，进行模拟断案，以方便用户在开庭前，对判决结果有个参考。

得益于信息技术的进步，当前我国已有多地设立了互联网法院进行线上判案。不过，受制于网络传输速度与硬件条件，线上判案存在着一定的传输延迟，因此互联网法院的实际效果大打折扣。同时互联网法院还存在着另一个致命缺陷，那便是庭审的“仪式感”。5G 网络的全面普及显然能够解决互联网法院现存的网络传输问题，让在线庭审在多个平台、多个端口都能流畅进行。最为重要的是，在 5G 时代，裸眼 3D、全息投影等技术的迸发将会给互联网法院庭审“仪式感”的缺失提供良好的解决方案，旁听者能够身临其境，在技术成熟后，对于民事纠纷，当事人足不出户就能完成诉讼，减少了奔波之苦，更加具有“仪式感”的线上庭审过程，也增加了法院的司法权威。

智慧城市之智能交通

近几年，随着智能手机、电视以及智能家具的普及，人们开始希望智能化在“大玩具”上得到体现，而汽车作为一种“大玩具”，自然受到了各方关注，相关企业在车联网与无人驾驶技术方面纷纷提前布局。而随着网络的发展，传统汽车接入网络也变得愈发普遍。不过，在4G时代，车辆和网络的交互更多是在实时导航方面。通过网络，实时导航让驾驶者能够及时获得路况的一切相关信息，并根据实时信息为驾驶者规划最优的行进路线，节省驾驶者的时间，提高交通运行的效率。

但这并不是人们设想中的智能，人们希望的是车辆实现自我控制。当然，实现这一目标的前提是要让车与人产生交流，其次要实现车辆与车辆的交流，这就是车联网。在新一代通信技术下，只有实现车辆与各主体之间的交流，才能达到真正的智能，其中包括车辆与人的交流、车辆与车辆的交流、车辆与路况之间的交流以及车辆与平台之间的交流，这些功能实现之后，可为用户提供安全、高效、智能、舒适的驾驶与乘坐体验，方便乘客出行，提升交通效率。

其实，4G时代的车联网已经逐渐在改变人们的出行方式与驾驶习惯了，只是给人的感觉并不明显。5G时代，车辆驾驶将产生颠覆性的变革，如无人驾驶这种以往只能在科幻作品中才会出现的场景即将成为现实。

虽说 4G 网络初步打开了智能交通的大门，但无人驾驶技术始终是 4G 网络下难以突破的关口，其关键的实时应变是 4G 网络所不具备的。随着 5G 网络的出现，数据量传输与数据处理速度将得到质的提高，在 5G 技术高速度、低时延的特点下，无人驾驶所要求的实时数据处理得以满足，反映到驾驶场景中，即前后左右车距的及时调整、突发状况下的紧急制动等需要在极短的时间内做出调整的操作，都将得以实现。

根据 2017 年英特尔公司的分析报告，无人驾驶在未来拥有巨量的市场，到 2050 年，与无人驾驶汽车相关的经济活动可能会产生 7 万亿美元的经济效益，无人驾驶技术也因此成为各个国家和高新企业研究的重点领域。5G 时代的到来，是无人驾驶技术腾飞的一次良好契机，在此阶段，大数据、人工智能、云计算等诸多技术将伴随着 5G 技术迎来革新，自动驾驶也将因此走向成熟。

为什么说无人驾驶的应用落地非 5G 不可呢？除了相对于 4G 时代的大幅提升的数据传输之外，5G 对于无人驾驶的最大意义在于对其核心高精地图的实时绘制。高精地图相比于传统电子地图有两项绝对优势。其一，高精度、多细节。更精准的数据意味着更高的安全性，高精地图不仅保证了地图拥有精准的坐标以及更准确的路况，而且在类似行驶路段的坡度、曲率和航向等细节数据方面也能达到毫无遗漏的水平。其二，具有较高的智能化程度。通过大数据、人工智能等的介入，高精地图除了提供传统电子地图所拥有的导航功能外，还能起到辅助决策的作用。高精地图绘制所需的数据量巨大，同时，作为无人驾驶技术的路径规划指导，高精地图还要求数据传输与处理的实时性，在部分场景下的时延要求甚至达到了毫秒级，这样的传输与处理速度，只有5G网络才能满足，再加上无人驾驶所需的较高级别的人工智能，说无人驾驶非5G不可绝非夸张。

作为无人驾驶领域研究处于领军地位的车企，特斯拉在2020年1月16日曾在官方微博上宣布，旗下目前已经有超过60万辆配备了“完全自动驾驶硬件”的车辆。据悉，特斯拉所研制的这种“超级大脑”安装有了高达60亿的晶体管，每秒能够完成144万亿次计算，并能同时处理2 300帧的图像，且搭载该芯片的车辆同时拥有两枚此种芯片，能够确保对于同样的数据同时进行运算，在大幅提高安全性的同时降低了传输时延。此外，这些车辆每天都会通过创造2 000万英里的行驶数据作为“超级大脑”的神经网络的训练数据，从而使其能够不断地学习与成长。

在国内市场上，无人驾驶技术亦是各车企和高新技术企业研发活动的目标领域。就在特斯拉宣布超过60万辆汽车配备了

“超级大脑”之后，作为高新技术企业的龙头，华为也做出了表态。虽然华为不造车，但会通过发挥芯、端、管、云之间的协同优势，帮助车企造车，同时，华为还表示，在现阶段其技术并不比特斯拉逊色。

可以肯定的是，在 5G 时代，车联网将会因技术的更新得到进一步发展，并为城市交通规划与建设提供更为全面的解决方案，助力智慧城市建设。至于无人驾驶技术，其应用落地与普及是行业大趋势，也是未来智慧城市建设中的应有内容，就目前业界的研发状态来看，无人驾驶应用落地离我们已经不再遥远，甚至在 2020 年或 2021 年落地也并非没有可能。不过，无人驾驶必须等到技术完全成熟后才能开始普及，虽然最终的技术突破在何时取得尚不得而知，但 5G 已然为无人驾驶的到来提供了关键支撑。

智慧城市之智能监控

在华为 2019 年发布的《5G 时代十大运用场景》白皮书中，其第十个场景“智慧城市”中特别提到了视频监控对于智慧城市建设的巨大作用。不过，需要提醒的是，视频监控不等于监视，对于智慧城市而言，视频监控相当于为城市打造了一个能够感知环境的“皮肤”，实时获取关于城市的“身体状况”。

其实，城市监控一直以来都是我国城市发展的薄弱环节，经济的快速发展推动着城市化发展，并且以目前的情况来看，城市化的发展还会继续下去。城市的发展意味着规模的扩大，因而城市的复杂程度随着城市化进程呈指数级增长，对于昼夜不停运转的庞大城市机器以及随时可能发生的各类突发情况，城市管理者自然需要一个替代人力的感知系统，监控也由此应运而生。

其实，不仅仅是城市管理者，城市居民同样需要比以前更为精准的城市信息。就拿查水表这一项来说，过去有专门的工作人员，拿着厚厚的本子挨家挨户去查看水表，因此查表也叫“抄表”。智能抄表的出现对于人力是极大的解放，但在过去，智能抄表并不能做到一劳永逸，人类在能源面前还是显得无能为力，而5G的低功耗则可以帮助人们实现这个愿望，这其实也是一种监控。

对于城市管理人员而言，监控包含了交通路况、居民住户、供水供电、装修城建等各个方面。过去，为了便于管理，管理者会选择将巨大的信息量分而治之，通过将城市划分为不同的区域、不同的街道以及不同的社区，形成一个个较为独立的个体。但这样的管理方式，在信息处理和数据处理技术无法达到智慧城市一体化管理要求的情况下，一定程度上阻碍了城市治理向现代化迈进的步伐，同时，也制造了大量“信息孤岛”，不同区域之间的信息很难得到及时沟通，即便视频监控作为城市的“眼睛”已经对信息交流有了很大的帮助，但由于“身体”的拆分，导致城市并没有成为一个智慧有机体。在数据爆炸的时代，管理者对于城市建设的期许自然不止于此。

大数据与边缘计算技术的崛起为视频监控带来了全新的突破，无论是动态抓取监控数据，还是对数据进行分析并及时回传，其所需的海量数据，以及强大的数据分析与处理能力，在技术的加持下都得以实现。不过，在这一过程中，对于数据分析能力以及传输和回传的时延又提出了更高的要求，此时，就需要 5G 技术的介入，从而实现实质性的提升。

除此之外，在 5G 时代，视频监控的功能更加强大，360 度全景监控、4K 超清辨识度以及实时监控分析等功能都会出现，城市管理者从中获得的信息更加全面，做出的判断也会更加精准。5G 时代的城市监控也会变得更加智能，它们不再只是扮演信息记录者的角色，在更加全面和清晰的实时影像前，智能监控面对画面中出现的诸多实时场景可以做出自己的判断，从而实时向城市管理者汇报。例如，面对出现在监控画面中的民事纠纷或违法犯罪行为，视频监控通过与当地执法机构连接，主动及时向执法机构进行汇报，并可以按照警务或医院当值人员离现场的远近，以最快的速度通知到距离最近的人，使他们能够在第一时间赶往现场，调解纠纷、制止犯罪，而对于这段监控记录，智能监控也能自动标记，免去了执法人员之后重新查找的烦恼。更为重要的是，人工智能具有成长性，随着人工智能数据库以及处理的实际情况的增加，它对于纷繁复杂的城市现象会有更加精准的判断，真正起到助力城市建设、辅助城市治理的作用。可以说，在 5G 时代，城市监控系统已经不单单是城市感知事件的“皮肤”和“眼睛”，同样也具有独立思考的“大脑”。希望这样的比喻并没有吓到你，但在不远的未来，你可能真的要习惯路旁的某个物件对你说：你好，请问有什么需要帮助的吗？

当然，5G 时代视频监控智能化服务的对象不仅是居民以及城市管理者，也包括企业。根据华为发布的《5G 时代十大运用场景》，在智慧城市的建设中，传统的系统交付商业模式将会逐渐被视频监控即服务（VSaaS）模式所取代，在这种新模式下，视频监控的录像、存储、管理等功能都通过云端进行，并在云端进行维护。根据华为的预测，全球非消费者监控视频增值服务利润，将由 2017 年的 120 亿美元增长到 2025 年的 210 亿美元。

智能政务：舆情监测与引导

移动互联网的发展带动了政府治理方式由传统的线下单向治理向线上线下融合的双向互动转变。习近平总书记曾强调，要深刻认识互联网在国家管理和社会治理体系中的重要作用。其中，如何正确地通过网络引导舆论是一项重要的课题。

互联网时代网络媒体的崛起

2019 年 8 月 30 日，中国互联网络信息中心（CNNIC）发布了第 44 次《中国互联网络发展状况统计报告》，从互联网基础设施、网民数量及结构等多方面进行了基本情况描述。报告显示，截至 2019 年上半年，中国网民总数达到了 8.54 亿，其中手机网民数量高达 8.47 亿，网民使用手机进行上网的频率达到了惊人的 99.2%；同时，我国互联网普及率也达到了 61.2%。另外，4G 网络的成熟带来的提速降费也刺激了移动流量的增长。2019 年上半年，手机用户月均流量使用高达 7.2GB，移动互联网总流量消费达到了 553.9 亿 GB，同比增长 107.3%。

互联网的快速普及与移动上网的全面进步，带来了网络媒体的崛起，网络媒体不仅被认为是继报纸、广播和电视之后的“第四媒体”，它在现代舆论体系中所占的比重也随着网络的铺开越来越大。相比传统纸媒和广播电视媒体，网络媒体有以下三个特点：一是直接性。如今，某个新闻出来后，网民可以通过多渠道，如微博、论坛和贴吧等网络平台获得消息，同时这些渠道的存在也使得新闻不再是单向传递，网民还可以通过平台在新闻下方直接发表自己的看法，并与其他网民进行交流。二是突发性。网络时代的到来使新闻发生之后的传播变得十分迅速，通过手机或电脑，网民不仅可以第一时间得到新闻资料，对于较为重大的新闻，可以快速引发热烈讨论。比方说，每当有重大事件发生时，新浪微博的热门便是其中的典型案例。三是偏差性。偏差性属于网络时代社交舆论的弊端，即网民在网上发言时，身份具有一定的隐蔽性。虽说网络实名制的推广和当今的技术手段已经能够对网民的身份、地点进行定位，但网民通过网络泄愤的情景并不少见，甚至有部分网民通过网络恶意传播谣言，即便后期能辟谣并对其进行惩处，但谣言已经通过网络迅速传播，造成了较为恶劣的影响。

5G 时代的舆论传播

正如 5G 技术对其他行业的影响一样，对于网络舆论的影响，5G 也主要从高速度、低功耗、低时延和万物互联的特点展开，这些特点的存在，将会对当下的舆论场产生深刻的改变。具体来说，5G 时代的舆论传播，会在传播速度和传播场所两个方面发生变化。

1. 传播速度

网络媒体的兴起带来了新闻的快速传播。在 4G 时代，重大事件发生后，只需要一个小时的发酵便会在社交平台成为最热门的话题，无论是接收该新闻的速度还是人数，都不是纸媒或广播电视可以比拟的。5G 时代的到来还将进一步提升信息传播的速度。以下载电影为例，4G 时代下载一部长度为两小时的电影大约需要 7 分钟的时间，而在 5G 时代，这项工作不到 10 秒便可以完成。按照这个速度，信息的传播也会更快，重磅事件一旦出现，其引发的网络舆论会在极短的时间内被引爆。

2. 传播场所

相比速度、时延和功耗等功能方面的提高，大连接是 5G 所展现出的全新特征。一是人们可以更少地受到地域的限制。例如，在 4G 时代的火车站，由于人流量大，区域内上网人数多，导致人均可用网络资源极为有限，而恰好此时发生了某件你想要传到网上的事情，你将感到非常无力，而 5G 实现了密集场所更好的网络连接，让你可以随时随地传播信息。二是信息传播源的改变。5G 的万物互联功能，使得信息传播不再仅限于人与人之间，人与物、物与物之间的信息传播将会变得更加频繁，个人、家庭都将可能拥有多个物联网终端设备，这些设备将会扮演手机、电脑作为信息传播媒介的角色，使信息交流由互联网转移至物联网。

在传播速度和传播场所改变的情况下，5G 网络下的传播展现出以下全新的特点。

（1）跨越时空，兼具时效与灵敏。虽说 4G 网络在理论上已经可以在全球传播信息，人们也的确能够获得来自世界各地的信息，不过仍然有一部分信息，由于不同地区和不同国家之间政治、经济、文化、宗教信仰以及通信基础设施等因素的限制，只能在特定的范围内进行传播。而在 5G 时代，通过发射 5G 通信卫星，太空互联网得以建成，原本地面基站难以覆盖的沙漠、海洋、森林等区域，网络信号良好，在全球的每一个角落，5G 用户均能通过各种设备进行实时交流。

（2）突破传统，万物皆可互联。5G 时代的物联网真正起到了将“万物互联”的作用，人们日常生活中的方方面面都将有 5G 的影子，智能家居、智慧金融、无人驾驶等应用场景都可以通过物联网和其他技术成为现实。此时，人类已经不再是信息传播必须经过的主体，不同设备之间也拥有了交流的能力。不过，物与物信息交换的最终目的还是为人服务的，通过信息交流和数据共享，技术与应用的功能和种类均不断得到增强，人们的生活也将因此变得更加智能化。

（3）方式更新，视频替代文字成为主流。同样的信息，只要不是内容过于简短，相比起文字，视频的声画一体更容易让接收者接受，从而起到促进信息传播的作用。4G 网络下短视频和直播行业的崛起，改变了信息传播的方式，也改变了人们的习惯。不过，由于速度和流量的限制，想要在移动端获取高画质的视频和网络直播，常需要依赖具有较高速度的无线网络，发展较为受限。5G 技术的大规模使用完全满足了民众对于视频这种传播方式的需求，在 5G 网络下，视频加载速度更快、画质更高，信息也得以以更加直观的方式展现在人们眼前。

5G 时代网络舆论引导的机遇与挑战

随着 5G 时代的到来，新闻工作在迎来机遇的同时，也面对着全新的挑战，如何正确地引导网络舆论，是 5G 时代政府管理新闻工作必须考虑的重要课题。为了形成行之有效的舆论治理方案，首先要了解 5G 会为新闻传播带来哪些挑战，然后再有针对性地寻找破题之策。

其一，5G 时代对新闻传播的时效性要求更高。及时性是新闻报道的特点之一，每一条新闻的发生，都要求能够在第一时间进行传播，政务消息更是如此。对此，我国早在 2016 年就通过印发文件的形式在政策上予以要求，在 2016 年 8 月国务院办公厅印发的《关于在政务公开工作中进一步做好政务舆情回应的通知》中，就要求对于涉及特别重大、重大突发事件的政务舆情，最迟也要在 24 小时之内举行新闻发布会，而对于其他政务舆情，也要在 48 小时内予以回应。同年 11 月，相关部门又以文件的形式，补充要求重大舆情必须在 5 小时内发布权威信息。显然，5G 时代舆情传播的速度更快，对于那些需要官方做出回复和说明的新闻，政府也应当在最短的时间内做出回应。

因此，政府新闻传播和回复的“第一时间”要求越来越短。

其二，5G时代新闻的真实性受到冲击。“真实性是新闻的生命”，习近平总书记曾这样说过，若新闻失去了真实性，那么也就失去了价值。近年来，得益于网络的全面普及，网民的规模不断扩大，社交平台的数量也越来越多，在此情况下，新闻传播的来源不再只有官方的渠道，每个网民都有可能成为新闻发生后的第一传播者。然而，新闻传播的低门槛不可避免地出现了新闻来源良莠不齐的现象，有些新闻在真实性还没有确定的情况下就开始在网络上传播，更有甚者会通过断章取义乃至直接造谣的形式，制造假新闻。在5G时代，新闻传播的速度会变得更快，短视频这种新的形式也愈发受到人们的喜爱，短视频直观和生动的特点，让观看者可以更容易，同时也更轻松地在短时间内接收到新闻的全部内容。

此外，图文并茂或是直接视频方式，会让观看者更加信赖内容。不过，信赖亦是一把双刃剑，一方面推动了新闻的传播，另一方面，当别有用心者采用剪辑的方式断章取义、移花接木之时，也让普通人更加难以分辨。2020年初新冠肺炎疫情暴发期间，网络上各种真假消息混杂，官方也多次发声“不信谣不传谣”，然而正如“造谣张张嘴，辟谣跑断腿”的调侃所言，造谣成本低、传播快，官方和监管机构核实谣言内容需要时间，辟谣之时往往谣言已经散开，辟谣消息相比起谣言热度也较低，谣言一旦开始传播就会产生巨大的负面影响。5G 时代，新闻传播变快，谣言蔓延速度也会加快，这就要求对于网上新闻与网民言论，必须要有更加精准的审核机制以及更加快速的处理方式。

其三，5G 时代“万物互联”下舆论产出端口增加。随着 5G 时代的到来，人工智能、物联网等技术将迎来快速发展，智能化的应用不仅会发展出更多的功能方便人们的生活，其本身也将承载着产出新闻与舆论的作用，在此背景下，舆论产生的平台将变得更为丰富，车联网、智能家居等应用都会成为产出舆论的端口，愈发复杂的新闻来源也需要加强舆论管理。

5G＋大数据助力政府引导舆论

可以说，在 5G 时代，新媒体的异军突起加大了正确引导舆论的难度，但还是那句话，科技的问题交由科技来解决。我们先来了解一下 5G 引导舆论的工具。未来网络舆论的爆发将会变得更加迅速，且在 VR、AR 以及全息投影等新应用日趋成熟的情况下，虚拟现实场景还原舆论现场也将成为可能。在这种情况下，社会公众对时刻在发生的新闻舆论事件将会有更深的体验，也会产生更加直观的判断。除此之外，新技术的兴起也为新时代的舆论引导提供了可靠的技术支持，大数据和人工智能就是助力政府引导舆论的手段之一。

5G 大数据能让我们更精准地把握舆情。传统的网络舆论引导，由于数据和信息的碎片化，很难准确把握网民的情绪和反应，有时引导的决策并不是非常合理，甚至有所偏误。特别是在事件发酵过程中，只能依据当下和曾经的数据预测网民在未来一段时间的行动，采用宏观大方向的粗放式引导，其作用有限且方向值得怀疑。而在 5G 时代，运用大数据技术可以精准地掌握网民的公开言论，达到对个人言论的精准把握，将不同个体的网络言行作为大数据的样本单位，通过海量的个人数据组成网络舆论数据库，不仅能对个人网络言行有精准的把握，更可以通过数据库分析，归纳舆论热点，判断舆论风向，从而预测集体、个人在未来一段时间内的舆论偏好，对错误的言论可以具体到个人进行批评、教育或惩罚，对未来可能出现偏离的舆论走势正确地加以引导。

人工智能可以帮助政府引导社会舆论。随着 5G 时代的到来，越来越多的人工智能产品与应用将进入人们的日常生活，人工智能的出现同样建立在大数据的基础上，自身就拥有海量的数据，部分人工智能甚至可以当作百科全书来使用。因此，公众在日常和人工智能的交流中，不仅可以从人工智能那里学习到新的知识，更能纠正可能存在的潜意识认知错误，获取关于事物的正确知识，树立对于事物的正确认识。另外，成熟的人工智能具有自我学习能力，也具有一定的共情能力，当用户面临负面情绪的干扰时，人工智能可以通过日常交流或抓取用户的面部表情，感知用户情绪并加以安抚，从而尽量减少用户非理性情绪的负面表达。

有了解决问题的工具后，还要有一定的使用方法。习近平总书记曾说过，“舆论历来是影响社会发展的重要力量”。如今，网络舆论在社会总舆论中的占比越来越重，5G 时代的到来，将会进一步加大网络舆论的占比与重要性。然而，并非所有的舆论都是有益于社会发展与进步的，有些负面言论或谣言不仅阻碍了社会的进步，更可能会造成社会的混乱。那么，面对 5G 网络所带来的爆炸信息，政府机构作为管理者，该如何更好地引导舆论呢？

在 5G 时代大数据、人工智能等技术条件逐渐成熟的基础上，政府要做好整个社会的舆论引导，就必须要了解 5G 时代舆论传播的周期与特点，再依托技术形成对网络舆论的正确引导。

在 5G 时代，对于政府新闻发布与回复的“第一时间”要求更加严格，政府作为具有绝对权威的官方机构，对于重大事件和重要信息必须做到及时发布，及时回复，尤其是对于充满争议的热点话题，政府必须要在第一时间做出回应，摆明态度，防止网民的盲目跟风，也阻止负面消息传播可能引发的蝴蝶效应。

对于舆论的监测与管理，在大数据的助力下，针对各种可能出现的状况，政府也要及时介入。具体来说，可根据舆论热度从开始到巅峰的时间顺序进行划分，将舆论的产生和发展过程分为舆论发酵期、舆论爆发期和舆论衰退期三个阶段。

在舆论发酵期，往往只是部分网民接触到了信息，他们通过在社交平台发布观点参与互动，此时也是所发布的信息传播的初期或消息评论舆论的形成期。在此阶段，要擅用大数据技术手段及时分析舆论倾向，预测舆论走势，一旦舆论走势偏离，可能出现或已经出现违反法律法规的舆论时，要及时介入，纠正错误观点，消除违法言论，并将发布及散播违法言论的用户加入重点监测名单。

在舆论爆发期，舆论已经具有相当大的影响力，相当数量的网络用户可以接收到此条舆论并转发、评论，参与互动。鉴于舆论的影响力甚广，会对部分网民起到一定的价值观塑造和教育功能，此时仍需要结合大数据技术对当前舆论及评论的综合意见进行分析，评判此条舆论的价值倾向。若为不正之风，要介入并加以引导，避免大量的网络用户价值观走向歧路。

在舆论衰退期，对于合规的、符合社会普遍价值观的舆论，可任其自由衰退，或介入后适当延长衰退期，以强化正确的价值观；而对于三观不正的言论，要合理运用大数据实时跟踪，避免舆情再度复发，重新成为热点。

5G 时代，舆论的发生源头多、传播速度快，一则新闻、一段信息甚至普通网民的个人言论都有可能成为各大平台的热门话题，然而并不是所有的舆论都有传播的价值。政府是建设全社会良好舆论氛围的关键，面对时刻都在增加的舆论信息，一方面，政府要合理运用技术手段践行对社会舆情监测和引导的责任，从而把握舆情脉络，掌握舆情方向；另一方面，政府也有向公民普及如何正确使用各种平台，满足自身舆论表达的义务。公民拥有网络言论自由的权利，不过不可滥用权利，而是要依法发表网络言论。谣言或其他触犯法律法规的言论，不仅会被禁止传播，还会被监管机构依法纠正与惩处。

第八章　数说消费：5G 大数据为智慧生活添翼

5G 赋能无界教育

“这是一个惊人的故事，我在阅读她极端的童年故事时，也开始反思起自己的生活。这本书每个人都会喜欢，它甚至比你听说的还要好!”这是比尔·盖茨为《你当像鸟飞往你的山》的推荐语。这本书是剑桥大学博士塔拉·韦斯特夫的处女作，也是一本自传小说，确实如比尔·盖茨所言，它比听说的还要好，但我们更想用震撼来形容。这本书让人领略了原生家庭与教育对一个人的巨大影响，让我们看到了教育对于人的重要性。

5G 可为教育带来什么

教育是民族振兴、社会进步的重要基石，随着时代的进步，世界各国上自政府下到家庭，对教育的重视程度与日俱增。互联网的出现和普及以及通信技术的不断发展，不仅改变了人们的生活方式，也为教育改革提供了新的方案。美国在 21 世纪初推出了国家教育技术计划，并提出老师要合理运用信息技术来帮助学生学习，同时培养学生具备使用信息技术的素养与能力。直至今日，美国依然保留着四年一次更新国家教育技术的传统，以求在这个技术日新月异的时代能够将最先进的技术运用于教育中。

它山之石，可以攻玉。有了美国等发达国家的教育经验，再加上我国愈发重视教育工作，将技术融入教育亦成为我国现阶段和未来教育工作的重点之所在。2018 年 4 月，教育部发布了《教育信息化 2.0 行动计划》，次年 2 月，国务院又发布了《中国教育现代化 2035》。作为我国第一个中长期的战略规划，《中国教育现代化 2035》系统地阐述了我国教育现代化的愿景，并明确了教育现代化的战略目标、战略任务和实施路径。

伴随着科技的发展，科技赋能教育亦成为教育改革的实现路径。当下，5G 时代已经来临，如何运用 5G 的技术特点为教育赋能成为一个重要的课题。现在，让我们先来看看 5G 能为教育带来什么，或者说，5G时代的教育将有哪些特征。

1. 数据流通打破时空限制

5G时代的教育，最明显的特征便是数据全域流通，这也是信息化、现代化教育实现的基础。通过将教育资源进行汇集，然后以大数据和云计算技术进行分析，再把教育数据快速传输至任何想要传输的地方，从而打破时间、空间的限制，优化教育流程中包括管理、教学、培训和服务等在内的所有环节，实现各环节之间的协同发展。

2. 优质资源共享，学习机会均等

在数据流通的基础上，优质教育资源不再只为某些特定群体所享有，而是通过网络分享给所有需要的群体。针对当前我国存在的教育资源分配不均的现象，5G网络能够将优质教育资源实时传输至任何地方，为每一位学生都提供同等的学习机会，逐步缓解直至消除“教育洼地”现象。

3. 智慧教育适应个体需求

5G时代的教育不再是针对群体的粗放模式，而是可以具体到个体的精准教育。大数据蕴含学生的个人信息，通过分析可以为每一位学生进行“用户画像”，并根据学生的学习状态、阶段进行实时更新，从而准确掌握与学生学习相关的数据，据此为学生智能推送学习资源，制定学习方案，甚至可以对学生最适宜的学习环境做出描绘，全面提高学生的学习成绩和学习

效率。

5G+教育具体场景

1. 远程互动式教育

资源分配不均一直是我国城市发展的一大难题，当然，资源分配不均有着一定的经济学道理。从理论上来讲，就像市场存在着一种自我纠正的倾向一样，资源最终会与人的需求相匹配，但这个过程是社会难以承担的。由资源不均引起的资源集聚，近年来成为不少城市头疼的问题，首要的便是教育资源的分配不均。这个问题不仅成为困扰我国教育发展的难题，也成为困扰地区经济发展的问题。特别是，愈是资源集中的城市愈能吸引能力较强的教师，使得资源进一步聚集；相反，经济偏弱的地区，教育也每况愈下。其实，以教育学的观点来看，学生自身的条件在教育中占到很大的比重，也就是说“寒门”的孩子与其他人并无区别，但“教育洼地”的出现让教育变得不再平衡，“寒门”再难出贵子也成了网上流行的言论。如何应对教育行业的“马太效应”是解决问题的关键。

那么 5G 时代的到来能否给这一问题带来改观呢？答案是肯定的，解决办法是 5G 可将互动式的实时直播教学带入实际教学活动中。这种教学方式不仅能够让教育资源匮乏的地区获取到丰富的教育资源，即名师授课的机会，更可以通过互动的方式最大限度地还原线下教育的模式，让学生的学习效率得到提升。

直播授课的模式并不是 5G 时代才出现的，当今社会直播授课已经较为普遍。不过，由于网络传输条件的限制，线上授课一方面可能出现一定的时延，另一方面画质也无法保证，虽说可以退而求其次，用视频的形式解决这两个问题，但缺少互动的课堂显然会降低学生学习知识的兴趣和效果。发达地区的视频授课尚且有这些限制，对于贫困地区而言，还存在网络硬件设施不达标的问题，直播授课的效果会大打折扣。

5G 之所以能够解决当前直播授课的问题，主要是因为 5G 所具有的高速度、低时延特性，能够实现直播画质、音频质量的提升，从根本上解决直播时延问题，让学生更好地参加与老师的教学互动，提高教学质量。5G 的到来并没有解决贫困地区网络硬件不发达的问题。因此，不能寄希望于 5G 能彻底解决教育不平衡的问题，5G 只是提供了实现平衡的工具，但具体的实施还有赖于政府加强贫困地区网络基础设施建设。

2. VR/AR 教学

5G 对于人们期盼已久的 VR/AR 技术也有着实质性的提升。对于教育行业而言，在 5G 时代，可以将教学内容传输至云端，建设 VR/AR 云平台，把知识转化为存储在云端平台上的数字化、可观察、可交互的虚拟事物，然后通过 VR/AR 技术，使学生能够在现实空间或虚拟空间里学习知识，并实现与学习内容的交互，从而达到虚拟授课的效果。

相较于传统的授课方式，VR/AR 教学模式有着以下特点：一是 VR/AR 技术实现了学习内容由二维向三维的跃迁，对于抽象的、日常生活中无法见到的内容，实现可视化的还原，将其展示在学生面前，加强学生记忆，加深学生对知识的理解；二是 VR/AR 作为互动式教学的一种方式，可以用生动的教学过程激发学生的学习热情，从而提高学生的学习效率；三是 VR/AR 教学有着“游戏化”的特征，不仅可以让学生在使用它学习时随时暂停、不断重复，还能在教学过程中加入游戏的内容，寓教于乐，提高学生的学习兴趣；四是降低教学实验风险，尤其是对于部分理科、工科实验来说，VR/AR 技术可以在学生学习书本知识之后、实际操作真实器具之前，为学生带来真实实验的模拟操作，让学生进一步熟悉实验过程，降低在实验室实操时存在的风险。

未来，人们可以坐在家里戴着 VR 眼镜上课，像往常一样，周围的一切似乎都可感可触。还有个重要的变化你一定注意到，教学的场景可随老师授课的内容随时发生变化。比如，这节课是历史课，前一秒你还在长安城漫步，赞叹李唐王朝的盛世景象，下一秒突然坐在了扁舟之上，回头望去，虹桥离你越来越远。

3. AI 助教

随着 5G 技术的兴起，人工智能在教育领域也大有可为。在海量数据的基础上，凭借着 5G 高速度、低时延的特点，数据能够实现实时传输，云计算和边缘计算技术也随之加强，数据的实时处理与分析使人工智能更具成长空间。

具体来说，AI 助教的作用体现在两个方面：一是从学生的视角看，AI 助教可以通过视频摄像头，实时观察学生的学习情况，及时反馈学生上课时的状态，如微表情等判定学生的专注程度。当你在上午第三节课时突然困意来袭，AI 助教便会贴心地对你进行提醒；又或者你在自习时卡在一道题上时间过长，AI 助教会热心地帮助你攻克难题。即使是作业完成了，AI 助教也不闲着，它会代替老师先对你完成作业过程中的情况进行分析，提前了解学生对知识的掌握情况，最后根据每一位同学的综合数据分析结果，向学生提出有针对性的学习建议。二是从老师的视角看，AI 助教能帮助老师更好地完成教学规划，除了通过对老师备课内容以及教学内容的观看，帮助老师查漏补缺之外，还能根据自身数据库中同一课程不同地区、不同老师、不同学生的教学内容进行横向和纵向的对比分析，以及根据与学生互动中形成的分析结果向老师提出更好的教学建议。

4. 智慧校园管理

与教学活动一样，校园管理在教育工作中也扮演着重要的角色。5G 时代，校园的管理设备变得智能化，凭借着摄像头和传感器等智能设备，学校不仅能够 360 度全方位掌握校园各公共区域的情况，还可以通过智能设备采集人员与环境信息上传到云端，通过大数据、云计算和边缘计算等技术实时分析，将分析结果及时地运用到校园管理的各个方面，如校园开放、校内人员、课堂教学、设备控制和车辆管理等，从而实现校园管理的智能化。

5G 大数据赋能智慧医疗

2020 年初，新冠肺炎疫情突然暴发，长达数月的疫情阻击战，让我们深刻认识到公共卫生安全对于国家发展和民众健康的重要性，同时也让我们清醒地认识到，在医疗卫生方面我们还存在着很多不足，人类在病毒面前还是显得过于弱小。

托马斯·莫尔在其著作《乌托邦》中有言，智者宁可防病于未然，不可治病于已发。这不仅是在说个人，也是在说社会，要在任何时候都能先人一步，才能防患于未然。那么，如何改善当前我国的医疗条件，如何在人才培养和积累的过程中解决阶段性的矛盾呢？答案还是科技。

智慧医疗之兴起背景

随着人类文明的不断进步，社会医疗水平也在不断发展，在 21 世纪，技术革新所带来的丰厚研究成果与设备升级，是现代医疗水平发展的重要推动力，也正是知识的累积与技术的进步，为医疗卫生事业带来了长足的发展。然而，就我国当前的医疗资源与医疗水平来说，依然存在着诊断效率偏低、资源分配不均以及地区间发展不平衡等问题，这些问题的存在，是我国实施“建设健康中国，增进人民福祉”战略的巨大阻碍。为了解决这些问题，智慧医疗应运而生。

智慧医疗是近年来刚兴起的新名词，主要是指现代医疗利用最新的大数据、云计算和物联网等技术，以患者为中心，建立个人健康信息档案，打造区域医疗信息平台，形成患者与医疗体系各部分之间的良性互动，优化医疗资源配置，逐步实现医疗信息化。国家卫生健康委员会分别于 2018 年和 2019 年发布了《关于印发电子病历系统应用水平分级评价管理办法（试行）及评价标准（试行）的通知》和《关于印发医院智慧服务分级评估标准体系（试行）的通知》，这两份文件的出台标志着我国智慧医疗概念的正式提出。

5G 技术的发展与 5G 商用时代的来临，也为我国智慧医疗的发展带来了良好的机遇。2019 年 4 月，在北京举行的第二届“一带一路”国际合作高峰论坛“数字丝绸之路”分论坛上，中国工程院院士邬贺铨表示，到 2035 年，5G 将增加全球 12.3 万亿美元的产出，其中为全球医疗领域提供的产品和服务超过

1 万亿美元。

在 5G 技术的推动下，智慧医疗的内涵不断丰富。无论是对医务人员开展教学、培训，提升医疗队伍的医疗水平，还是降低医疗成本与医疗负担，或通过远程医疗开展医疗指导等，智慧医疗都将得到极大的提升。

或许有人会问，远程手术、远程会诊以及应急救援等医疗方式在 4G 时代就已经存在，5G 不过是将网络变得更快一些，又能如何改变现代医疗方式呢？造成这种印象的原因，就是 4G 实现的远程手术也好，远程会诊也好，都是以网络速度加快为基础，而 5G 则不同，正如邬贺铨院士在央视《开讲啦》节目中回答青年代表的问题时说的那样，速度并不是 5G 的全部，5G 带给这个时代所没有的东西才是 5G 的价值。是的，就 5G 的高速度、低时延、大连接等特点，对于现代医疗来说，所起到的作用不仅是提升，更是创造。

在现有的 4G 网络下，在极高画质下进行远程医疗时，出现视频的卡顿和时延不可避免，这样的缺点在一般的视频中可能关系不大，然而对于要求画面和操作精细的手术而言，其带来的影响却是致命的，可能直接导致远程手术指导的失败，严重时甚至危及患者生命。5G 则可以很好地解决这一问题。在 5G 时代，视频可以实现 4K 乃至 8K 的超高清画面互动，并消除画面和音频传输所存在的时延，为远程医疗打下了坚实的基础。另外，5G 除了对已存在的远程医疗等应用有本质的提升外，还会催生智能医护机器人、智能医院管理等应用的出现。

智慧医疗之远程会诊

5G 技术在医疗领域的一大意义在于实现了远程会诊，这将是实现医疗资源平等化的重要一步。手术是救人于危亡的最重要环节，但实际上，手术一定是基于对病人的病情准确合理的分析与推断。然而，就目前全国的医疗资源分配而言，中小城市和偏远地区的医务专家数量较少，碰到疑难杂症无法及时做出判断甚至无法判断，病人也因此不得不花更多时间去大城市的医院寻医问诊，这在一定程度上会耽误病人的病情。

远程问诊使诊断医师无论在哪个城市，都能对患者的病情做出精准的诊断，节省病人的时间成本，抓住治疗的黄金时间。4G 时代的远程问诊在理论上能够实现，但在现实中，有线连接方式支持的视频问诊，不仅建设和维护的成本极高，其移动性也较差，故在大多数医院都难以实施。

而 5G 技术的高速度、低功耗等特点，是真正实现智慧医疗远程问诊的重要突破，在 5G 技术的加持下，无论主治医师身在何方，都能通过 4K 或 8K 画质下的视频对病人进行问诊，同时实时接收由医疗云端传送过来的病人电子病历、医疗影像等资料，对患者的病情及时做出判断，并在第一时间为病人提供科学可靠的治疗方案。

智慧医疗之远程手术

会诊过后自然就是手术，前面也提到，虽然 5G 商用的时间不长，但在医疗领域已提前开始应用。2019 年 1 月，全球首例基于 5G 的远程动物手术成功实施，此次的手术是为一只小猪切除肝小叶，由远在 50 公里以外的福州市外科医生通过操作机械臂进行。动物手术的成功实施为 5G 应用于人体的临床手术奠定了技术基础，两个月后的 2019 年 3 月 16 日上午，运用 5G 技术的全国首例人体手术——帕金森病“脑起搏器”植入手术，在中国人民解放军总医院成功完成，而实施这场手术的，是远在 3 000 公里之外的海南省神经外科专家凌至培。在基于 5G 网络实时传输的高清画面下，凌至培医生通过远程操作手术器械完成了手术。同年 7 月，全球首例 5G 眼科激光手术也由北京协和医院的专家完成。

以上手术的成功都有赖于 5G 技术的赋能，对于手术而言，所有的操作都必须做到精准精确，而 4G 网络并不具备低时延的特点，手术时的视频图像画面会产生一定的延迟，甚至是中断。因此，4G 时代的远程手术都是或大或小的冒险操作，因为一旦出现网络问题，总会或多或少地影响医生对于器械的操作及把控，进而降低操控的准确性与协调性，对病人的生命安全造成极大的威胁，而人命是容不得半点闪失的。

正是借助 5G 技术所具备的高速度、低时延、低功耗的特点，远程手术未来可能随着 5G 大范围商用变得越来越普遍，可以预见，越来越多的医院将引入 5G 技术，远程手术也将愈发成熟，被更多被患者接受，这意味着对于那些需要专家才能进行的复杂手术，病人再也不必东奔西跑，只需要就近选择支持 5G 远程手术的医院，然后预约专家进行手术即可，从而打破空间和时间的限制。

智慧医疗之移动医护

众所周知，手术后需要医护，移动医护是 5G 时代智慧医疗的另一个重要场景。在现有的条件下，传统移动医护往往依靠 Wi－Fi 操作，而 Wi－Fi 网络不稳定与安全性较低的问题限制了移动医护的发展，也降低了移动医护的质量和效率。而通过 5G 网络，移动医护的实用性进一步提高，医护人员的护理范围延伸至病人床边，在 5G 健康医疗检测设备和远程医疗传感器的应用下，病人的日常生命体征、影像资料等数据能够完成高速传输，第一时间送到医生和护士手中。另外，对于传染科等高风险病房，护理机器人的使用，能够在一定程度上替代医护人员，使其通过远程操控完成对病人的日常护理，且随着人工智能技术的不断开发，更加智能的机器人也会出现在医护工作中，以减轻医护人员的负担，提高服务质量与效率。

5G 赋能的移动医护可能是智慧医疗最为重要的应用之一。随着我国老龄化问题日趋严重，我们缺的不再是物理性的资源，而是人力。前文我们曾提到上海利用大数据，帮助社区工作人员及时了解孤寡老人的生活情况，这其实就是社会需求的一个例子。如今，“422”（即四个老人、一对夫妻、两个孩子）的家庭结构让很多中年人不堪重负，特别是当老人生病时，护理问题成了老大难问题，如果 5G 大数据将有限的医护资源解放甚至是放大，对于社会无疑有着巨大的作用。

5G 智慧医疗发展的挑战与建议

毫无疑问，5G 技术的兴起将推动智慧医疗的发展，其应用场景的广泛性也为未来的医护工作带来了许多期待。但是，当前 5G 智慧医疗仍然属于新生事物，想要全面铺开，需要考虑涉及的多个主体、多个环节，因而也面临着不少挑战。只有全面了解需要应对的挑战，才能帮助人们更有效地去应对。

首先，5G 技术方兴未艾，大数据、人工智能、区块链等技术还存在着很大的发展空间。从理论上来说，5G 在医疗中起到的作用极大，但实际上，现阶段 5G 技术与智慧医疗的结合还处于探索期，如何将 5G 技术与智慧医疗相结合，还需要继续探索。麦肯锡预测，5G 全面落地要到 2025 年，因此，善用 5G

智慧医疗首先要先有 5G，再有结合，这个过程需要时间。同时，考虑到 5G 万物互联的特点，物与物之间的联系更加紧密，交互更加频繁，其中所暗藏的数据安全、用户隐私等问题也需要不断去解决。

其次，5G 智慧医疗的普及还需时日。当前虽然已经有部分医疗机构引入了 5G 网络，国内也有依靠 5G 技术开展远程手术和远程会诊的例子，但是这样的技术水平和所需的专业设备，现阶段大多集中在医疗资源较为丰富的大城市重点医院，市县乡各级医疗机构的医疗资源和条件存在着较大的差别，部分偏远、贫困地区的医疗机构，受条件限制甚至还没有开始信息化建设，5G 智慧医疗任重而道远。其实，这个挑战不仅仅针对 5G 基建，也是城市发展所面临的问题。

最后，5G 智慧医疗的总体建设规划需明确。5G 智慧医疗的建设涉及多个领域、多个主体，不仅丰富的应用模式缺乏统一的标准和评价体系，相应的人才储备也存在不足，故需要在总体规划、标准制定与人才建设方面加以改进。邬贺铨院士直言，对于 5G 的畅想其实我们谁都不能说得很确切，我们对于未来只能是通过不断学习，以期不落后于这个时代，然后敢于想象，以期引领这个时代。

尽管有这么多问题摆在前面，但我们不能退缩，而是要主动出击。针对当前 5G 应用于智慧医疗所面临的若干问题，我们给出了一定的对策和建议。

其一，推进 5G 技术发展与行业进步。这就要求各行业提前做好相应的准备，自 2019 年 6 月工信部向运营商颁发 5G 商用牌照后，我国正式进入 5G 商用。同年 10 月 31 日，三大运营商公布 5G 套餐。在 5G 商用之后，5G 网络共建共享的步伐加快，各企业应以市场需求为导向，推进 5G 技术与行业融合的研发创新。由于技术和应用之间存在着一定时滞，越早布局越能缩小这个滞后时间。对于智慧医疗而言，5G 商用的最大意义在于促进与医疗相关的垂直行业获得 5G 赋能，从而让更多的智慧医疗相关应用落地，最终使 5G 网络下的智慧医疗场景得以实现。

其二，政府要制定相关政策与行业标准。关于标准问题，我们在介绍 5G 的概念和特点时已经提及，虽然达成国际范围的标准统一非常困难，但在一国之内形成一套标准还是没有问题的。随着 5G 智慧医疗的逐步普及，设备软硬件都将有着较高的要求，置换成本巨大，做到全国统一，便能减少由于标准不一而造成的转换成本，即便我国在 5G 技术方面日趋成熟，但想要实现 5G 医疗的全面开花还有赖于标准的统一。特别是对于医疗资源较为匮乏的地区来说，标准统一意味着他们也可以享受到统一的 5G 技术与服务。希望通过多方的协调与合作，在政府的统筹规划下，以政策引领医疗资源与专业设备下沉，扶持地方智慧医疗的快速发展。此外，标准的意义还不只是设备制造或通信技术的提高，由于 5G 智慧医疗的应用场景众多，不同的应用场景对于 5G 网络与技术的要求不同，对此，国家还应当针对不同的应用场景，分别形成统一的标准，以此推进专业场景中技术和设备的研发与生产。

其三，加强人才储备建设。5G 技术的应用，为智慧医疗带来了更加美好的前景，同时也对医护人员的职业素养提出了更高的要求。在 5G 时代，医护人员不仅要掌握医学知识，还要对全新的医疗设备和技术有一定的认知，也就是说，培养既拥有专业知识又懂一定技术知识的复合型人才，是未来医疗事业人才培养的目标与方向。具体来说，是通过产学研结合的方式进行，一方面，对已经在岗的医务人员开展关于新技术、新设备的专业知识培训，并在原理讲解和操作演示之后，安排医务人员实操练习，尽快使他们懂得新技术，掌握新设备；另一方面，作为储备人才，尚在求学阶段的医学专业学生，应当尽早接触并掌握相关知识，对此，各大高校要及时编写相对应的教材，在日常教学中加入有关内容。此外，要大力加强 5G 技术高端人才交流，开展相关学术研讨活动，不断获取国际新经验，从而调整、更新 5G 智慧医疗建设方向。

5G 赋能家庭娱乐

随着 5G 时代的到来，传统家庭娱乐方式也发生了巨大改变，以电视为主的家庭娱乐方式，已被手机等移动端娱乐方式所取代，虽说网络电视的出现在一定程度上帮助电视挽回了些许“颜面”，但由于网络传输速度、清晰度等因素的影响，加上电视天生缺乏手机、平板电脑等设备的便捷性，通过电视所进行的家庭娱乐占比越来越低。

伴随着 5G 通信技术的不断发展，5G 商用正式落地，传统电视行业在面临更多挑战的同时，也迎来了再次崛起的机会。具体来说，5G 技术的应用，一是能够发挥其高速度、低时延的特点，加快视频制作传播与媒体的协同发展；二是 5G 技术将推动更高级别清晰度即 8K 超高清视频的普及，在电视行业通过技术升级之后，电视的吸引力会得到提升，在家即可享受影院般的观看体验，同时，家庭无线娱乐也朝着更好的方向发展。

电视的逆袭——8K 降临

前文我们谈到利用 8K 画质的视频进行城区视频监控、远程手术和远程医疗，这里我们对 8K 视频进行具体描述。

早在 1995 年，日本 NHK 电视台就已经致力于研发 8K 超清画质电视。2012年，日本NHK电视台所建议的7 680×4 320分辨率也被国际电信联盟作为国际通用的8K超画质电视（SHV）标准。那么，现在常说的8K究竟是指什么呢？5G又能为8K带来什么呢？

通常来说，8K是超高清视频下利用分辨率的代称，是一种数字视频标准，主要由日本放送协会（NHK）、英国广播公司（BBC）以及意大利广播电视公司（RAI）等机构倡议与推动。人们日常所说的8K分辨率达7 680×4 320像素，这个数据是当前普通高清电视机像素的十几倍，在8K分辨率下，超高清视频色深达到12位，色域标准也达到了Rec. 2020。换句话说，在8K超高清视频中，人们看到的色彩更加逼真，画面亮度也更具真实感。另外，8K的音频为22.2声道，最低帧速率达到了每秒120帧，加上超高的分辨率，每帧大约能有3 300万像素图像，也就是说，8K屏幕的画面变化极其流畅，无论从视觉还是听觉，都可以给观看者以全新的体验。

8K超高清视频技术早在多年前就已经开始研发，2012年到2013年间，国际电信联盟通过了8K超清电视画质标准，同时展示了世界上第一台8K分辨率的便携式摄像机。近年来，随着8K技术的愈发成熟，使用8K分辨率的设备也越来越多，如8K电视在市面上已普遍存在，然而，产品的落地并不意味着在应用时毫无问题。根据统计，长度在1分钟的8K标准分辨率（7 680×4 320）视频，其大小达到了 150GB，这对网络传输速度和存储容量提出了极高的要求。

5G 技术的使用赋予了 8K 视频更广阔的市场，高速度、低时延、峰值传输速度达到 20Gbps，显然，5G 网络能够完美解决 8K 视频在应用时所遇到的传输问题，而在解决了基础的传输问题之后，8K 视频的应用内涵也会因此得到延伸。

近十年来，手机、平板等移动设备的普及冲击着电视的市场份额，也引发了市场关于电视是否会被取代的担忧。诚然，手机和平板的便携性是电视所不可比拟的，但是电视终究是服务于家庭，也只有在家庭这个场合才会被使用，电视实际上不需要具备便捷的特点。此外，在保留便捷性的前提下，手机和平板的尺寸不断变大，屏占率不断增加，分辨率也越来越高，大屏与画质一直以来都是人们对于视觉效果追求的体现，而就观看体验而言，电视相比起移动端设备要领先很多。

伴随着 5G 时代的到来，更高清的 8K 视频将会变得更加普遍，人们足不出户便能拥有超高清的视觉体验。5G 网络的高传输速度也意味着人们在电视上可以做到 8K 电影的点播，如此极致的视听享受是手机、平板等移动设备无法比拟的，电视不仅有可能重新夺回一定的家庭娱乐份额，通过 5G＋8K 视频的融合，更多的家庭娱乐应用也将涌现。

家庭娱乐之人工智能

2014 年左右，国内掀起了“智能电视”的风潮，但就当时的智能电视来说，并没有脱离“电视”的本质，只是接入了互联网，丰富了电视内容的来源，为用户提供了更多的个性化选择。而在 5G 时代，AIoT（人工智能物联网）正式崛起，智能电视的内涵将被重塑，人机交互更加频繁，“智能”二字的含义将得到进一步的体现。

未来，与 8K 电视屏幕相连的硬件设备将会越来越丰富。比如，电视 AI 摄像头的引入，辅助影视资源的推送，带来的变化是完全不一样的。虽说当前已经存在大数据精准推送的做法，不过仅是根据用户的观看和浏览信息来进行大数据分析，然而在现实中存在着很多电视节目在播放，而用户在做别的事情甚至从电视前离开的情况，故这种分析推送方式欠缺一定的合理性。在引入 AI 摄像头后，可以实现在用户观看电视时实时记录观看状态，甚至包括用户的微表情等元素，随后将其传输至云端进行分析，再加上用户的浏览和观看记录，这样得出的结果可更准确地反映用户喜好，可靠度也更高，从而让影视节目的推送更加智能。此外，现在电脑能做到的和做不到的，通过电视的 8K 超高清大屏和人工智能的搭配几乎都能实现，而且还做得更好。如通过电视接收 1 对 1 私教课、通过电视与亲朋好友视频通话，甚至通过电视与影院的合作，足不出户就可以观看最新电影等。

但智能绝不仅体现在电视上，智能会成为未来家庭娱乐一个绕不开的话题，智能化的应用将成为 5G 时代家庭娱乐的新方向。

离我们最近的例子是语音交互，当前的智能音箱大部分已经初步具备了语音交互功能，但还只能做到与人进行简单的对话，实用性上还有提升空间。随着 5G 时代的到来，当 5G 网络普及之后，智能音箱将会拥有更多“智慧”，不仅可以完成多轮对话，还可以通过强大的分析能力和学习能力理解用户对于各项琐事的命令，真正起到“管家”作用。

无限视界之虚拟现实

虚拟现实一定是广大“玩家”最期待的地方。2018 年，电影《头号玩家》的大火让很多青少年对未来虚拟现实娱乐方式充满憧憬，而在铺天盖地的 5G 宣传中，恰好又有虚拟现实的影子，或者可以说，5G 的一大重要应用场景就是虚拟现实。5G 技术的特点满足了 VR 即虚拟现实的应用要求，通过虚拟现实技术提供的三维动态可交互式虚拟系统，用户可以在虚拟世界中获得全新的体验。

其实，在消费者不断提高的需求下，虚拟现实技术一直在不断进步，并且随着科学技术的日新月异，虚拟现实离我们越来越近。自 21 世纪以来，VR 技术日趋成熟，诸如 Multigen Vega、OpenSceneGraph 和 Virtools 等软件开发系统的出现和完善，为 VR 技术的广泛应用奠定了技术基础。

如今，VR 眼镜与一体机设备已开始应用于商业中。不过，当前市面上大多数 VR 设备都只使用了 4K 甚至低于 4K 的分辨率，导致所呈现出的虚拟世界声音与画面逼真感不足，这也是如今 VR 设备没有得到广泛推广的原因之一。而在采用了 5G 技术之后，VR 一体机的体验清晰度与流畅度进一步提升，在声画愈发逼近真实的背景下，使用 VR 设备为用户带来的沉浸感更足，进一步模糊了现实与虚拟的边界，让用户真正体验到虚拟现实的魅力。此外，随着 5G 技术的成熟，VR 设备质量提升，需求增加，其成本与价格也会大幅降低，使 VR 设备进入更多的家庭。

当更好用的 VR 设备进入家庭，家庭娱乐方式也有了更多新选择。以 VR 设备最突出的应用游戏端为例，游戏产业在 21 世纪发展迅速，如今的游戏作品大多画面精美、剧情丰富，宏大的场景甚至有时会让玩家惊叹不已。VR 设备的应用，能够让玩家在进行游戏时真正“身临其境”，在多人合作或对抗类游戏中，家人与朋友可以共同参与游戏，培养默契，增进感情，而在剧情式游戏中，玩家可以亲身参与游戏剧情的发展，感受虚拟世界的美妙，体验奇幻冒险的刺激。

当然，家庭娱乐不仅仅让你拥有了更好玩的游戏，还给了你更多去探索和发现的机会。人们常说“读万卷书，不如行万里路”。VR 进入千家万户之后，能够帮助更多人去探索有趣的“大千世界”。未来，当你写下“我想去看看”的辞职宣言时，或许会被老板回上一句：你还没玩够吗？

虽然我们讲 VR 在家庭娱乐中有着重要的利用价值，但其价值远远不止于此，随着 5G 的正式商用，VR 设备带动的将会是整个产业。未来，技术的进步一定会带来成本的下降，当 VR 逐渐为更多家庭所拥有，企业、商家对于家庭娱乐的场景开发也愈发重视，更多商机也蕴藏其中。

5G 大数据赋能精准营销

“又在买东西啊？”“嗯，看到一个最近一直想要的东西，正好在做活动就买了。”这可能是日常生活中亲朋好友之间经常出现的对话，但我们感兴趣的是，很多东西真的只是正好看到吗？

其实，对于很多人而言，这是与大数据精准营销的无意擦肩。现在，我们经常与人谈论精准营销。所谓精准营销，是依托现代信息技术手段建立的个性化顾客沟通服务体系，其核心在于强大的数据库资源，以用户为中心，通过对数据的剖析整合，对用户进行准确的剖析定位，做到在适宜的时间、适宜的位置，以适宜的价钱，通过适宜的营销渠道，精准满足用户需求，同时有效降低广告投放成本。实际上，精准营销不仅适用于网络购物，超市同样可以做到。拿盒马鲜生举个例子，该公司从选址定位到货架摆放都遵循了大数据的指示。在大数据的指引下，盒马鲜生知道哪个区域的消费力最强，也知道不同年龄段的消费者最爱购买什么东西。

当前市场的营销现状与趋势

随着时代的发展，我国居民收入水平不断提高，对于生活品质的要求也随之水涨船高，不同于上世纪居民收入多用于购买生活必需品，如今居民会将更多的收入花在休闲、娱乐、餐饮和出游等方面。姑且不论商家愈发花哨的宣传噱头是否会让消费者掉入陷阱，居民消费水平的提高已是不争的事实。随着互联网的发展，消费者的消费认知与自我意识得到大幅提升，对消费产品和服务也提出了更加多元化和更加个性化的要求。

消费者消费习惯与偏好的转变也对企业商品和服务提出了全新的要求，具体来看，当前市场营销呈现出以下现状和趋势。

1. 客户体验至上，营销连接商品与客户

时至今日，越来越多的消费者开始注重消费过程中的消费体验，其中很重要的部分就是商品和服务营销工作的开展。那么，对于消费者来说，什么才是“优质”的客户体验呢？以往的营销活动，多是通过给予客户一定的商品优惠来招揽客户，而在当前和未来，客户更希望自身的需求能够被营销人员准确地感知，且这种感知应该伴随着客户消费或浏览的全过程，比如，在售前阶段，客户需要营销人员对产品进行推荐和介绍，对服务进行预体验等；在售后阶段，不仅需要针对售出产品或服务的质量保障做出定期保养和维修之举，更要尽量在不打扰客户的前提下实现对客户体验的追踪与记录，从而不断提升服务水平和服务效率。可能有人会认为，这样的需求提高了企业的运营成本，但实际上这是一种服务的延伸，可拓宽企业的利润来源。

2. 信息爆炸，营销活动依赖数据支持

实际上，有数据驱动的营销决策已经持续了二十多年，不过，这种营销决策更多地体现在选定营销对象群体方面，很少针对个体客户制定个性化营销方案。在时代的不断发展中，客户消费习惯与偏好逐渐个性化和多样性，过去那种以群体为营销对象制定营销方案的策略将慢慢失去市场，不过好在随着大数据时代的来临，数据量的爆炸和数据采集、存储以及分析能力的加强，为营销活动借助大数据对不同客户以及潜在客户的需求、偏好进行用户画像奠定了基础，从而可以开展基于个体客户偏好的营销活动，让营销更好地服务于客户，也让客户拥有更好的体验。

当前，已经有不少企业通过线上渠道投放广告，但不少企业不仅没有增进消费者对产品的喜好，继而产生购买行为，反而在很多时候遭到了客户的反感。实际上，客户反感的并非是广告和推送行为，而是对做得不好的广告和不合时宜的推送感到厌烦。这种反感其实反映出很多企业在进行广告推送的时候，并未考虑内容与客户需求是否存在相关性，而只是为了吸引客户进行粗放式的随意投放。在5G大数据时代，相关性由数据驱动，数据连接了客户与商品，这些数据来源于客户的浏览记录、购物记录甚至是在社交平台的发言，企业对于客户数据的搜集越全面，数据处理的能力越强，就越能够感知和把握客户的需求，从而根据不同客户的不同需求进行有针对性的广告投放与商品推送，实现对单个客户的营销。当然，数据的规模效应比较明显，因此，针对中小企业而言，可以选择不去建立自己的数据分析系统，通过租用的方式降低企业成本。

3. 客户需求增强，跨渠道营销亟待出现

当前人们的生活节奏变快，对于等待的容忍度也越来越低，这在消费活动中体现得尤为明显。客户期望物流速度更快，期望线上服务回复更及时，期望售后服务更便捷，这些看似已经不属于营销活动范畴的环节，实际上已经对客户是否消费带来了影响。当前客户对于销售活动全渠道的期望，远远超过了现代企业所提供的，也对现代营销活动提出了新要求，即营销活动应该贯穿消费的所有渠道和全部流程。而营销活动的现状与消费者的期望存在差异，既表明企业当前的营销活动存在一些不足，也为营销活动和营销管理的升级指明了方向。

5G 如何影响营销

随着科学技术的发展，科技赋能产业成为趋势，5G 时代的来临加速了科技与产业的融合，在商品和服务种类日益丰富以及消费者需求多样化、个性化的背景下，以科技赋能营销打造智能营销已成热点。而 5G 正是为营销活动变革提供支持的关键技术。

5G 技术的出现开启了万物互联时代，提升了客户沉浸式体验的需求。得益于 5G 高速度、低时延的特点，多种全新的应用场景将会随之出现，如 VR/AR、车联网、远程教育和无线家庭娱乐等。由于 5G 网络的时延远远低于人们视觉、听觉感受的传输延迟，在 5G 网络下，所有使用网络的用户不仅能真切地感受到“天涯若比邻”般的美妙，更可以与虚拟世界产生更深层次的交流。网络传播广度和深度的拓宽，为实现万物互联奠定了基础，人与人之间的沟通交流愈发顺畅，人与物之间、物与物之间也随着 5G 网络的覆盖实现互通有无，万物互联不再遥远。

在应用方面，5G 技术的出现进一步推动了数据的积累和大数据技术的发展，进而推动了智能营销的发展。大数据元年早在 2013 年就已经到来，数据在人们生产生活中的重要性得到大幅提升。在 4G 时代，移动端设备覆盖率直线上升，线上 APP 无论从数量还是种类上都出现了急剧增加的态势，再加上电脑的普及率进一步提升，通过互联网产生的数据爆发式增长，进而形成海量数据。这些数据通过大数据和云计算技术处理后，能够生成消费者的用户画像，商家便可以据此向目标客户进行广告投放和商品推送的精准营销。

在 5G 时代，这种精准营销的效率将得到持续提升。5G 网络的平均速度能够达到 10Gbps，是 4G 网络峰值速率的 10 倍以上，这意味着在 5G 时代数据产生的速度更快，数据量更多，消费者通过网络留下的个人数据能被更广泛地收集，再通过日渐成熟的大数据和云计算技术的处理，商家对消费者用户画像将会更加准确，从而深入挖掘消费者需求，为更加精准的营销活动开展提供数据和分析基础，推动智能营销的发展。

5G 时代的智能营销

通过前面的分析可以看出，智能是数字经济时代的最大变化。在这里，让我们先来看看 5G 会对传播模式带来哪些改变，继而探讨营销方式的变革。

首先，视频传播在 5G 时代将成为主流。在互联网时代到来之前，传统营销受到空间的限制，即便企业可以通过电视广播媒体进行广告宣传，或在异地直接投放线下广告，但在地域的限制下，考虑到商品购买、配送等一系列问题，投放广告之后客户的转化率并不高。而随着互联网的普及和销货渠道的进一步完善，空间限制得到突破，网络营销逐渐成为主流营销方式。

4G 网络的成熟，让传播方式出现了视频逐渐赶超图文的趋势。当下，各种直播平台、短视频平台快速崛起，UGC（用户创造内容）的传播方式出现大幅增长。这种趋势在 5G 时代将会更加明显，视频录制、处理和播放全面升级，4K、8K 分辨率逐渐采用，用户体验更佳，视频和直播所占的比重也将因此出现更大幅度的增长。

视频相较于图片或文字描述有着不可比拟的优势。第一，视频带给人们的真实感是清晰度再高的图片或者再生动的文字所不能达到的；第二，视频更容易让人感受到诚信，当你看到图片或是文字时，你可能会产生一定的怀疑，而视频显然更加可信；第三，视频更有代入感，可强化消费者的购买意愿。

其次，VR/AR 迎来全面爆发。5G 对于社会的改变不仅只有速度大大加快这么简单，商业模式的变革与应用的升级和创造才是 5G 为这个时代带来的最大改变。近年来，VR（虚拟现实）和 AR（增强现实）技术备受关注，不过由于技术条件的限制，其发展一直遭遇瓶颈，大规模应用暂时无法实现，随着 5G 的来临，VR/AR 的应用前景将无比光明，虚拟世界进入，现实世界投影，虚与实的结合将会因技术的发展而变得更加紧密，人们也将因此提升对情境感知的维度。

最后，交互式体验得到革新。5G 时代，除了设备的视听交互功能会得到提升之外，场景交互的出现与增加还为信息的传播提供了更多的载体。当 5G 时代全面来临，智能设备将会渗透到城市生活的各个地方，不仅商场、公交、地铁等目前已经被电子屏幕高密度覆盖的场所将实现电子屏幕的智能化，像汽车、家电甚至电动牙刷、扫地机器人等都具备人工智能，它们自身就能作为一个媒体单独存在，人与物、物与物之间的信息交流变得更加频繁，而这些信息传播的终端与平台，亦是可以开展营销工作的场所。

在智能终端遍布各处的情况下，营销也会随之发生变化，智能化特征将日趋明显。4G 时代使广告营销更具精准性，5G 时代的到来不仅让精准营销更为“精准”，还带来了营销活动的智能化。

在 5G 时代，万物互联意味着所有的物品都有可能成为信息的载体，进行信息的传播，这种“万物皆媒”的未来场景丰富了营销活动的途径，提升了广告和推送的到达率，实现了信息所达便是营销所达的意义。而在 5G 技术下崛起的 VR/AR 以及全息投影技术也将直接改变广告推送的形式，不论图文、视频的广告形式内容质量再高、创新再新颖，屏幕之外的消费者也只会对商品和服务产生表面的理解，而实际上，很多商品和服务，没有立体的描述，没有切身的接触，消费者很难只凭文字和画面去感受，VR/AR 和全息投影的应用会显著改善这一问题，通过这些技术手段，消费者得以“近距离”接触商品与服务，同时享受其带来的沉浸式体验，提升消费者对商品与服务的认知，吸引消费者购买，从而提升营销工作效率。

“千人千面”是 5G 时代消费者的特征，随着居民收入水平的提高，消费升级的趋势愈发明显，消费者的购物需求已经发生改变。整体上，消费者不仅在商品和服务的品牌、质量等方面有着更高的要求，对于消费过程也要求具有更好的体验。而在个体方面，不同的消费者逐渐展现出个性化的需求，对于市面上已有的产品，在购买渠道愈发丰富的背景下，消费者会通过网络“货比三家”，最终找到更贴合自身需求的选择；若是市面上的产品不能满足消费者的选择，其中一部分人可能不会将就，而是选择等待合适的时机再进行消费。因此，商家想要获得更大的经营利润，就必须尽可能全面地掌握每个消费者的消费偏好，从而设计并推销更符合他们个性的产品。通过 5G、大数据和云计算等技术，商家也能通过挖掘消费者更多的个人数据并进行分析，形成消费者用户画像，从而精准地抓住每一位消费者，提升营销效率。

营销方式的改变也要求营销人才不断成长。在 5G 时代，传统营销势必将与高新技术相结合，形成智能营销。智能营销以技术赋能营销，讲究技术与营销之间的深度对接，而在现有的市场中，营销人员往往与技术相割裂，营销人员虽然深谙市场规律，能够判断消费者心理，并能够设计出一定的创新营销方案吸引消费者，但若营销人员自身无法掌握技术，只能依靠后台技术分析得来的用户画像结果，不理解算法本身，那么在使用分析结果的时候，可能会出现一定的偏差。另外，营销人员还需要特定的程序辅助营销活动，与技术部门的沟通需要一定的时间成本，且双方的要求和理解也不一定能完美匹配。这些问题在科技赋能营销的 5G 时代中将会频繁出现，智能营销是科技与营销的结合，这在客观上需要更多复合型营销人才。当下，已经有不少高校在传统的学科教学中加入了编程、算法等技术性的内容，营销相关学科也在其中，未来的营销工作将不再是人们眼中相对低端的工作，营销人才必须兼具多种知识和技能，是推动智能营销发展的中坚力量。

第九章　居安思危：5G 大数据时代的潜在风险

不能离开安全谈 5G

5G 作为新一代通信技术，是开启数字时代的钥匙，也是推动社会发展的力量源泉，5G 技术的研发与应用将在政治、经济、文化等各方面产生深远的影响，并推动人类社会的进步。

当前，5G 技术的重要性已经得到世界各国的高度重视。根据全球移动供应商协会（GSA）的统计数据，截至 2019 年底，全球已有 119 个国家或地区共计 348 家电信运营商对 5G 进行了投资。其中，有 61 家运营商已经开启了 5G 商用服务。作为掌握 5G 技术位居世界前列的国家，中国的三大运营商在 2019 年 10 月 31 日正式公布了 5G 套餐，进入了 5G 商用时代，而在中国 5G 正式商用不到两个月的时间，中国就已经成为全球最大的 5G 市场。

毫无疑问，5G 时代的到来对民众的生产和生活会产生颠覆性改变，不过正如每个硬币都有正反两面一样，5G 技术在为社会和民众带来福音的同时，也蕴含着新的风险。

2019 年 7 月 30 日，在第五届互联网安全领袖峰会（CSS2019）上，中国互联网协会理事长、中国工程院院士邬贺铨提出，5G 是一把“双刃剑”，“5G 实现了计算跟通信的融合，基于大数据、人工智能的网络运维减少了人为的差错，智能化的监控有利于提高网络的安全防御水平，但是 5G 的虚拟化和软件定义的能力也引入了新的安全风险，需要正视 5G 带来的安全挑战”。

正如邬贺铨院士所言，在 5G 商用时代，5G 安全必须引起世界各国与行业各界的足够关注。否则，如果忽视安全而大谈 5G 的各种强大功能，可能会埋下严重的隐患，带来不可预知的风险。

风险来自哪里

目前，在 5G 商用已经正式启动的背景下，很多全新的商业应用将应运而生。然而，由于 5G 技术尚在发展初期，它特有的场景和技术特点都为 5G 技术与应用的融合带来了一些风险。下面，我们从 5G 三大场景和 5G 所面临的四类安全挑战展开，介绍 5G 时代的安全风险。

三大场景

按照应用场景分类，当下 5G 技术最常用的场景分别是增强型移动宽带（eMBB）、海量机器类通信（mMTC）和超高可靠低时延通信（uRLLC）。

1. 增强型移动宽带

所谓增强型移动宽带，顾名思义，就是在现有的宽带业务场景的基础上，实现宽带功能的进一步提升。2016 年 11 月 17 日，在 3GPP[①]RAN187 次会议关于 5G 短码的方案讨论中，由中国华为公司力推的 Polar Code 方案成为 5G 控制信道 eMBB 场景编码的最终方案。

eMBB 终端应用传输速率极高，涉及大量行业与用户隐私信息，常见的 eMBB 应用场景有 4K/8K 超高清视频、VR/AR 等。多样的应用场景对 eMBB 提出了个性化的安全需求，如用户在使用 8K 超高清视频应用时，无论是个人用户还是企业用户，可能会要求对周围的环境信息进行加密，如果涉及更敏感

① 3GPP 成立于 1998 年 12 月，来源于多个电信伙伴联合签署的《第三代伙伴计划协议》。

的信息，还会要求对整个视频进行加密，这就对信息传输加解密提出了很高的要求。

简单来说，eMBB 的场景应用对于安全问题提出了以下几点要求：第一，在 5G 高速率、低时延的特点下，eMBB 终端必须具有能够与其相匹配的传输与信息加解密能力。第二，对安全要求一般的普通用户在使用 eMBB 终端时要对其个人信息、身份标识和地理定位等信息进行保护，对安全要求较高的特殊用户，如企业和机构等，要对其从身份认证到结束应用使用过程中具有完整的信息保密能力。第三，eMBB 终端支持异构网络连接，故其必须具有统一的安全认证以及安全上下文管理的能力。

现阶段，eMBB 场景所蕴含的主要风险，为大幅增长的超大流量对现有网络安全防护手段形成了猛烈冲击。5G 网络的数据传输速率是 4G 传输峰值速率的 10 倍以上，且在边缘技术发展的背景下，边缘数据流量急剧增长，现有的网络防火墙、网络入侵检测等系统在应付如此大的数据量传输时，存在着一定的功能不足，导致网络安全存在风险。

2. 海量机器类通信

5G 所具有的泛在网和万物互联特点，使得人与物、物与物之间的交互变得更加普遍和频繁，海量机器类通信是 5G 应用中侧重人与物交互的重要场景，其应用范围广、接入设备多，是支持物联网发展的关键所在。在 5G 时代，物联网的应用会更加广泛，大到城市建设与行业生产，小到居民居家生活，万物互联都将扮演着推动时代进步的角色，但同样不能忽略安全问题。

mMTC 的场景应用对于安全问题提出了以下几个要求：第一，万物互联的实现涉及众多的终端设备，对运行功耗提出了更高的要求，因此必须有配套的轻量级算法，从而实现 mMTC 对于低功耗的要求。第二，在后终端设备可能出现爆发式增长的背景下，必须有安全高效的网络接入模式，即在增加网络接入安全性的同时，减小安全管理的复杂性，如通过缩短认证链条、快速安全接入等方式，优化网络接入模式的安全认证体系。第三，物联网终端设备数量的增长亦会带来成本的增长，出于降低成本的考虑，在安全方面也要有更低成本的身份认证与设备管理程序。

现阶段，mMTC 场景的主要风险为，泛在的连接场景与海量的多样化终端极易受到网络攻击，威胁着网络的正常运行。在 5G 时代，物联网得到极大的发展，根据专业机构的预测，到 2025 年，全球通过物联网进行联网的设备将会达到 252 亿①。面对如此庞大的物联网络，当下计算和存储空间有限的终端难

① GSMA 移动智库．物联网，下一波连接和服务，2018.

以对其进行有针对性的部署，从而导致物联网一旦受到攻击，主机和终端将有可能形成僵尸网络，任由控制者摆布，并对用户的网络和应用展开攻击，造成网络异常或瘫痪。

3. 超高可靠低时延通信

uRLLC带来的主要场景有工业互联网、车联网等，通过超高可靠低时延，对于时延要求较高的场景得以实现。在5G技术应用之前，网络时延通常都在100毫秒左右，这种量级的时延对于当前主要服务于人的网络来说影响不大，因为人本身对时延的反应灵敏度并不高。比如，人类的触觉由指尖传递到大脑，差不多1米的传导距离，仅需29～200毫秒左右就可以完成。然而，到了5G时代，物联网的发展带来了万物互联，也就在客观上要求更低的时延，国际电信联盟、IMT－2020（5G）推进组[①]均对5G提出了毫秒级的时延要求。

在众多的uRLLC场景中，无人驾驶为人们的未来生活带来了无限遐想。不过，4G时代受制于技术的发展以及网络时延无法突破，无人驾驶一直难以实现。而随着5G技术的兴起，无人驾驶在时延方面的技术瓶颈终于得到突破。为什么无人驾驶要求如此低的时延呢？举个例子，假设无人驾驶的车辆以60公里/小时的速度在路上行驶，若传输时延为60毫秒，那么制

---

① 于2013年2月由工信部、发改委和科技部联合推动成立，是推动国内5G技术研究及国际交流的主要合作平台。

动距离则为 1 米；如果传输时延为 10 毫秒，制动距离将缩短为 17 厘米；而若是能够达到 5G 理想的 1 毫秒时延，制动距离仅为 17 毫米。也就是说，对于高速行驶的汽车来说，更低的时延就意味着更高的安全保障，同时也给予了无人驾驶汽车在更短的时间内处理行驶过程中一切突发事件的能力，让行驶变得更可靠和更省心。另外，uRLLC 的接入安全也需要得到一定的提升，比如在车联网中，个人身份信息的认证、车辆信息的保护以及车辆行驶数据的保护也都需要得到加强。

不过，uRLLC 在带来超高可靠低时延的同时，也减少了复杂安全部署的可行性。要保障网络的足够安全，必须要有复杂的安全部署机制，如接入认证、数据传输安全保护和数据加解密等一系列程序。虽说在 5G 技术环境中，安全部署的整体运行也会加快，但过于复杂的安全程序运行还是会在一定程度上影响低时延的实现，就目前来说，低时延的实现需要与复杂安全部署进行取舍。

四类挑战

1. 个人及企业数据的泄露

伴随着互联网时代的到来，网络普及度越来越高，近年来基于网络数据窃取的网络攻击也愈发频繁。在 4G 时代，网络攻击者为了窃取关键信息，通常针对政府部门、事业单位和科研院所的网站发起 DDoS[①] 攻击。为了保护信息安全，世界各国都基于本国网络特征制定了安全部署方案，不过由于数据量的爆发式增长，网络攻击与社会活动事件呈现出紧密结合的趋势，在信息安全技术没有及时更新的情况下，网络攻击行为愈发高频，有时令人防不胜防。2018 年，由于 APT 攻击[②]的活跃，我国就有多个行业受到了一定影响。而在国外，Facebook 同年曝出的信息泄露事件，也让各群体开始认真审视数据爆炸时代将个人信息置于网络“个人空间”可能存在的风险。可以预见，随着各个行业的信息基础设施所承载的数据量越来越大，这样的网络攻击只会越来越多。

5G 时代的到来进一步促进了信息增长，除了政府等机构拥有大量的个人信息之外，企业所拥有的数据量也会呈现出指数级增长的趋势。相较于政府，企业的数据较为集中，信息安全防护程度不足，黑客进行信息攻击时所需付出的成本较低，因而企业更容易成为黑客们集中攻击的对象。之前沸沸扬扬的华住[③]、万

---

① 即分布式拒绝服务攻击，可在同一时间使很多计算机遭受攻击。

② 即高级可持续威胁攻击，指某组织对特定对象展开的持续有效的攻击活动，这种活动具有极强的隐蔽性与针对性。智能手机、平板电脑、USB 设备、恶意邮件以及防火墙或服务器漏洞等都可能成为 APT 入侵客户的途径。

③ 2018 年 8 月 28 日，多家媒体曝出华住旗下多个连锁酒店开房信息数据泄露后的交易行为，数据标价 8 个比特币，涉及 1.3 亿人的个人信息和开房记录。

豪酒店[①]个人信息泄露事件就已经为企业敲响了警钟。另外，即便不考虑黑客的因素，在数据价值愈发凸显的今天，在企业内部管理不严的情况下，内部人员利用职务之便窃取客户数据进行贩卖的现象也时有发生。让人担心的是，在不法分子获得个人数据信息后，同样也可以依靠大数据技术形成精准的用户画像，其产生的犯罪后果将更加严重。由此可见，在 5G 时代，无论是个人还是企业都需要树立起隐私意识，尤其是企业作为个人数据的保管者，应通过不断强化信息安全技术，来面对随时可能出现的各类信息风险。

2. 基础设施面临安全挑战

当地时间 2019 年 7 月 11 日，澳大利亚最大电信商 Telstra 突发故障，导致全国性的大面积断网，国家银行、救护系统和大型商超一齐掉线，收银与自动取款机等设备也因此长时间处于宕机状态，对当地居民的生活造成了极大影响。根据专业人士的估计，此次断网光零售业受到的损失就超过了 1 亿美元。而在 2019 年 7 月 21 日，委内瑞拉更是在晚间遭遇了一场突发停电，直接导致全国数百万人陷入黑暗，晚些时候，针对此次突发停电现象，委内瑞拉新闻部长豪尔赫·罗德里格斯称此次

---

① 2018 年 11 月 30 日，万豪国际集团发表官方声明称，喜达屋旗下酒店的客房预订数据库被黑客入侵，在 2018 年 9 月 10 日或之前曾在该酒店预订的最多 5 亿客人的数据遭到泄露。

大停电是因为委内瑞拉国内的主要水电站受到了“电磁攻击”的影响。

暂且不论上述事件中基础设施瘫痪是因为当地的网络基础设施建设存在问题还是遭遇境内外势力的恶意攻击，基础设施的安全性都理应得到最高程度的关注。毕竟基础设施关系到一个地区居民生活的方方面面，若瘫痪，带来的将会是整片区域居民生产和生活的停滞。随着网络时代的到来，基础设施的维护和控制愈发依赖网络进行，同时也出现了可能会被网络攻击的特点。尤其是这些网络攻击可以来自世界各地，不受时间和空间的限制。无疑，这对于基础设施的安全提出了更高的要求。

5G技术将会被更多地应用到与生产和生活息息相关的基础设施建设中，这会导致基础设施对于信息技术的依赖越来越大，对人们生活习惯的改变也愈发深入。因此，基础设施运用大量新技术之后，须同步完善基础设施网络安全建设。

3. 信息服务部门可能遭受网络攻击

新技术极大地改变了人们的生活方式，以出行为例，自民航、火车线上购票和网络管理实施以来，其成效有目共睹，人们不再需要去代售点甚至火车站购票，省去了来回奔波的时间成本，同时也缓解了春节、黄金周等出行旺季线下网点的售票压力。

在5G时代，技术为居民出行所带来的便捷不仅体现在购票环节，智慧车站、智慧机场将相继出现，问询引导和疏导客流等工作都会在技术赋能下有条不紊地进行。另外，无人操控等应用也将加速落地。不过，5G 技术在发展过程中总会存在着漏洞和风险，给不法分子以可乘之机，类似民航、火车等服务部门不仅掌握了大量民众的数据信息，还担负着旅客运输等责任，一旦因为数据泄露问题发生安全事故，会直接威胁到人们的生命财产安全。

4. 网络话语权博弈

正如前面所谈到的，舆情监测与引导是 5G 时代智慧政府所应当肩负起的责任，在互联网时代，尤其是 4G 时代之后，在移动端上网用户数量激增的背景下，通过线上平台进行新闻以及信息的传播已经成为主流。可以肯定的是，在 5G 时代，线上平台的信息传播力会进一步加强，视频类信息制作与传播加速，这点从当前如日中天的直播行业与短视频平台的崛起可见一斑。

信息社会，各种平台都承载着传播舆论的功能，随着网络传输速度的加快和接触网络形式的多样化，信息的传播也会越来越迅速。因此，别有用心之人想要制造负面或虚假信息，可通过制造谣言或者颠倒黑白的形式展开。毕竟，不论现在还是未来，普通民众接触互联网的门槛越来越低，一方面，他们可以通过互联网获取更多的信息和知识；另一方面，网民涵盖了社会的各类群体，有时也会存在网民一时无法分清真相被人“带节奏”的情况。随着 5G 时代的到来，舆论对居民生活乃至青少年成长的影响更大，舆论场也将成为我们与网络黑客甚至敌对势力博弈的主战场，这就要求我们必须将网络博弈中的被动防守战略转换为主动控制战略，从源头进行管控。

总而言之，当前 5G 技术依然方兴未艾，5G 商用亦是刚刚拉开帷幕，面对还在发展中的新技术，可能滋生的风险也会增加，对于已经存在的和潜在的风险，我们必须树立风险意识，才能正确防范与应对风险。

风险防范及应对

在 5G 时代，要想有效防范与应对风险，自然离不开相关各方的共同参与。以最为基础也最重要的数据保护为例，政府首先要起到主导作用，企业则是扮演主体的角色，行业协会也需要起到业内监督的职能。另外，个人也要树立数据安全意识，养成自律的习惯。

各方协同共对风险

1. 政府发挥主导作用

所谓政府发挥主导作用，就是政府必须从政策法规上对 5G

应用的安全做出一定的规范，尤其是在立法方面。立法是监管的前提，政府需要出台相关法律对个人数据进行管理和运用。当前，5G 商用时代已经正式开启，互联网公司在日常经营中对于个人信息数据的收集和使用变得愈发频繁，其中既有合理合法收集的数据，也有不合理收集的现象。虽然《消费者权益保护法》第 29 条规定“经营者收集、使用消费者个人信息，应当遵循合法、正当、必要的原则，明示收集的目的、方式和范围，并经消费者同意”，但面对大数据时代居民愈发丰富的个人信息种类，如何对所有类别的个人信息收集进行界定，还存在一定的盲区。目前，已经有部分监管机构开始对企业收集和使用用户数据的合理性进行一定的甄别和监督，但仍然需要通过完善的法律制度，从根本上对此类行为进行规范。

其实，早在 4G 网络逐渐成熟之际，关于个人信息保护的立法问题就已经被提及。最近几年，在全国“两会”上，就不断有全国人大代表和全国政协委员针对个人信息保护立法提出议案和建议。2019 年，全国人大常委会法工委表示，已正式将个人信息保护法列入了立法规划之中。目前，5G 应用的研发和落地呈现出加速发展的态势，亟须制定并实施包括个人信息保护法在内的配套法律法规，并根据快速变化的社会发展情况进行更新，而这些法律的最终出台，也将为规范网络技术的健康发展提供重要保障。

2. 企业发挥主体作用

企业作为 5G 时代数据收集和使用的主体，必须要承担数据保护的责任。对于这一点，如今企业线上 APP 和联网管理广为使用的人脸识别技术，可以对此进行较好的说明。

2019 年，杭州野生动物世界对检票系统进行了升级，为了方便管理，采用人脸识别技术对入园者进行检验。对此，一位年卡用户却一纸诉状将杭州野生动物世界告上了法庭，而该案也被称为“人脸识别第一案”。作为原告，这位消费者对杭州野生动物世界使用人脸识别技术进行入园检票有着自己的理解，他认为，收集面部等个人的生物特征作为识别依据，若由政府提出并进行，出于公共利益的考虑可以接受，但是野生动物世界作为休闲娱乐场所，对消费者面部特征进行收集，安全性和隐私性都得不到相应的保障，一旦出现个人信息数据泄露的情况，个人的人身和财产安全都将受到一定的威胁。

此次事件的确折射出了当前企业在人脸识别方面所面临的问题。首先，没有明确的法律对企业利用摄像头收集人脸的行为进行界定与限制；其次，采用人脸识别技术的企业自身，是否具有妥善保管用户数据信息的能力。

正如前文所言，5G 时代的到来会让企业端存储的用户数据量出现爆发式增长，这就在客观上要求企业保护用户信息不被窃取。诚然，人脸识别技术的采用方便了企业和用户，但对于受到成本制约或心存侥幸的企业而言，若采用了低成本、有瑕疵的技术，必然会导致信息泄露的风险增加，这一方面需要政府和监管机构通过立法的方式，规定企业人脸识别等技术以及相应数据取得后的运用范围；另一方面也需要企业对自身安全技术进行相应提升，如不断完善人脸识别技术，及时修补漏洞和增加防火墙等。

另外，不同企业所处的行业不同，对数据安全的定义和要求也存在差别。在推出针对不同行业的差异性要求之后，还需要行业协会等自律性组织的相互监督，确保每一家企业都能践行信息技术的最高安全标准，在竞争中形成共同进步的健康行业环境，从而保护企业自身与消费者的合法权益不受侵害。

3. 个人行动与意识

当前，虽说 5G 商用才刚刚开始，但部分网民已经初步了解甚至体验了 5G 所带来的改变。毫无疑问，5G 方便了人们的生活，拓宽了生活娱乐的边界，给人带来了与以往全然不同的全新体验。但我们也要意识到，5G 时代是万物互联的世界，人们的生活空间即为网络空间，因此必须要重新构建对网络安全的认知，确保个人隐私数据的安全。

不断强化新时代下的信息安全意识，是 5G 时代对所有人自身隐私安全保护提出的基本要求。

实际上，频繁发生的个人信息泄露事件已经在警示我们，个人隐私的保护刻不容缓。在 5G 时代，这种信息安全意识还应当得到进一步强化。“零信任”[①] 的概念已经提出很多年了，在数据大爆炸时代也愈发受到众多企业的青睐。简而言之，“零信任”所强调的是永不信任和始终验证，即不信任任何人、事、物。当前，“零信任”概念已经被视为是解决 5G 时代中网络安全问题的方案之一。2019 年 9 月，工信部发布《关于促进网络安全产业发展的指导意见（征求意见稿）》，其中，“零信任安全”就被列入了网络安全所需要重点突破的关键技术。

在 5G 时代，“零信任”安全不仅是企业防范与化解网络风险的重要选项，网民作为个体用户，也理应培养“零信任”的理念。

一方面，5G 时代的线上 APP 只会更多。如今，各个 APP 在首次使用时都会请求用户打开各类权限，相机、语音、定位、通讯录信息都包括在内，甚至有时会询问用户是否保持始终开放，即在不使用 APP 时，也允许 APP 对用户信息进行抓取，尤其是位置信息。部分用户有时候不加思考便尽数同意，也有部分用户认为无伤大雅，选择全部开放，这样的做法实际上对个人隐私会造成一定的潜在威胁，用户在最初 APP 的请求阶段

---

① 著名研究机构 Forrester 的分析师约翰·金德维格（John Kindervag）在 2010 年首次提出了“零信任”概念，其中包括三个原则：一是不应该区分网络位置；二是所有的访问控制都应该是最小权限且严格限制；三是所有的访问都应当被记录和跟踪。

理当谨慎思考。

另一方面，对于 5G 时代通过大数据技术进行的各种推送信息，我们要保持警惕，尤其是某些 APP 或者浏览器管理不严，推送信息无孔不入，且对推送内容没有进行严格审核。如部分手机 APP 浏览界面中，会出现各种小额贷款、高息理财的广告信息，这些信息对于 APP 使用者，尤其是未成年人或者刚成年但分辨能力、自我约束能力不强的大学生来说是否合适尚存争议。从安全性的角度看，要求 APP 的使用者须具备一定的信息分辨能力，对各种网络新兴事物有一定的了解，避免个人的身份信息被窃取，财产安全受到损害，也防止个人价值观受到扭曲。

当然，关于个人如何在 5G 时代保护隐私安全和财产安全的具体建议远不止于此。总的来说，对于个人用户来说，最主要的还是要提高个人的信息安全意识，让自身成为防止信息泄露的第一道关卡。

理性看待 5G 风险

5G 作为新一代通信技术和数字中国建设的重要基石，已经受到各方的高度重视，在由百度发布的百度沸点 2019 年度科技热词中，AI、5G、区块链当之无愧地成为当年最受中国网民关注的科技热词。在政策方面，除了国家对 5G 保持高度重视之外，各地也纷纷出台政策支持 5G 的发展，如北京、上海、广州、成都、重庆等地先后于 2019 年发布文件，细化了促进 5G 及 5G 产业发展的方式方法与政策措施。

当前，5G 发展方兴未艾，万物互联的序幕即将拉开。虽然 5G 在给社会带来更多机遇的同时也暗藏风险，但人类不必对此因噎废食，而应客观而理性地看待 5G 的安全风险，最大限度地趋利避害。

1. 以发展的理念看待风险

每一次信息技术的革新，都带来了社会通信方式的改变，每一代信息技术在兴起之时，都会面临全新的风险，5G 技术亦是如此。挑战与风险是科技进步和发展过程中不可避免的。面对风险，我们必须以发展的眼光和视角去审视 5G，正确认识发展与安全之间的关系。5G 技术蕴藏了一定的新风险，与此同时，它的安全机制也得到了提升，重构安全体系正是 5G 的六大特点之一。在 5G 技术发展与应用的过程中，5G 的这一特点也将不断得到发扬，以新技术应对新风险，从而实现发展与安全的协同。

2. 以客观的理念看待风险

科学技术的发展总是伴随着风险的滋生，网络技术更是如此。5G 网络的风险与漏洞是客观存在的，而技术的成熟可以显著降低风险发生的可能性，但无法完全消除风险。在 5G 时代，人工智能、物联网、区块链等技术通过与 5G 融合，都将得到快速发展，但这种融合也将带来新的风险。对此，不必畏之如虎，也不可不屑一顾，要站在客观的角度去看待 5G 的安全风险，对可能存在的风险进行系统而全面的评估，从而找到应对风险的方法，这才是对待 5G 安全问题的最佳做法。

3. 以系统的理念看待风险

如今，一项技术从研究发展到投产应用，都离不开多个行业、多个部门的协同工作。同理，5G 技术的发展也不是单一主体的功劳，而是多个主体协作的结果。随着 5G 的正式商用，5G 技术也将赋能更多的产业，诞生更多的场景。其中，网络运营商、设备供应商以及行业应用商等都扮演着各自的角色，各司其职，缺一不可。因此，要以系统的理念去看待 5G 的安全风险，只有在整个系统的每一环节都做好风险防控，建设多方共同参与的 5G 安全治理体系，才能更好地推进 5G 技术及其相关产业的发展。

4. 以合作的理念看待风险

和平与发展是当今世界的主题，随着国际政治、经济、文化交流的日益增加，国际社会在正在成为“你中有我、我中有你”的命运共同体。网络架起了不同国家和地区沟通的桥梁，使得国家与国家、企业与企业、个人与个人之间的交流更加频繁，联系更加紧密。虽然当前不同国家和地区的信息技术发展与网络普及程度存在一定的差别，但所有国家期待乘着 5G 的东风发展数字经济、打造智慧型社会的愿景是相同的，因此大家面临的 5G 安全风险也有着相似性。全球民众生活在同一个地球村，若因 5G 技术而爆发风险，没有人可以独善其身。对于如何防范网络风险，习近平总书记曾对构建网络空间命运共同体提出“十六字方针”[①]。只有各个国家加强交流，通力合作，共建 5G，才能实现“平等尊重、创新发展、开放共享、安全有序”的网络空间。

5G 安全体系建设

5G 时代的万物互联，不仅意味着互联网的设备愈发先进与复杂，也意味着软件的漏洞数量将不断增加，传统的网络安全防御思路会逐渐失效，如果人类不思进取，指望通过现有的网络安防体系应对不断出现且随时可能更新的各类网络安全风险，无异于“刻舟求剑”。

面对 5G 时代的网络安全风险，我们必须要建设全新的 5G 安全体系予以应对。对于已经出现的风险，要基于目前的技术采取措施进行控制，而对于尚未出现的潜在风险，必须未雨绸缪。具体来说，可以从以下几个角度切入，构建 5G 安全体系。

① 2016 年 11 月 16 日，在第三届世界互联网大会上，习近平总书记提出了“平等尊重、创新发展、开放共享、安全有序”的四大目标。

1. 技术发展与安全体系建设并重

对于 5G 安全体系的构建要有宏观的认知，不断加大力度，促进 5G 技术发展。同时，要高度重视 5G 安全体系的建设。5G 安全体系涉及 5G 技术的方方面面，无论是数据运营商、设备供应商还是其他使用者都牵涉其中，不可遗漏任何一方。

2. 促进责任明确、权力清晰的多方合作体系

5G 发展事关多方，需要多方合力建设，也需要多方积极合作，共担风险，对此，在进行 5G 安全部署时要明确各方责任，政府、监管机构和企业等多个主体需清楚地认识并承担自身的责任，各司其职，各负其责。

虽说 5G 的研发与应用在不同行业、不同领域存在差别，但在 5G 安全问题上，所有 5G 参与方所面临的安全问题具有相似性，故不同主体之间要加强沟通与交流，形成协同效应，共同为 5G 安全体系的建设献计献策。

3. 持续推进 5G 发展，创新 5G 安全机制

当前，5G 发展尚处于初期，随着 5G 技术兴起而出现的各种安全风险会接踵而至。面对可能出现的安全风险，我们应大力加强与 5G 安全相关的技术研发与体系建设，将政府、企业等多个主体纳入其中，针对 5G 时代可能出现的安全问题及早做出预案。同时，促进 5G 安全产品的研发与应用，加快 5G 安全技术向安全产品的成果转化，为 5G 安全提供更有效的解决

方案。

4. 增强预警机制，完善 5G 风险监测

在 5G 时代，数据将迎来前所未有的爆炸式增长。在高速度、低时延的特点下，数据传输与处理将会变得越来越快，安全风险随时存在。面对 5G 时代的风险特点，有必要建立风险实时监测动态机制，做到及时甄别，及时解决。此外，在开展有关 5G 建设与应用之前，应审慎评估在不同行业和领域中可能蕴藏的风险，并有针对性地进行安全部署，以防患于未然。

5. 建立人才培养体系，加强 5G 专业人才建设

人才是科技发展的基础，科技赋能产业，从而打造数字产业、数字城市乃至数字社会是 5G 时代的重要目标。为了达成这一目标，必须要加大对 5G 专业人才以及产业复合型人才的培养，建立起产教结合、校企联合的长效培养机制，制定科学的培养计划，加强人才的教育培养，并在培养中输入 5G 安全理念，树立 5G 安全意识，完善多层次、广维度的人才选拔系统。

第十章　前景无限：后 5G 时代的未来

6G 网络性能展望

1973 年，美国摩托罗拉公司工程师马丁·库帕发明了世界上第一部手提电话，也就是后来我们所熟知的“大哥大”，为人类社会的跨地域语音聊天提供了解决方案，这部电话的诞生意味着无线通信时代的全面开始。但在那时候，无论是马丁·库帕，还是所有接触或是只听说这件划时代物品的人，都想象不到在手提电话诞生几十年后的今天，人们的生活因通信技术的革新发生了如此翻天覆地的变化。

人们对于未来的探求是永无止境的，“大哥大”的出现开启了语音通话时代，也加深了人们对通信领域探索的欲望。自 20 世纪 80 年代至今，不过短短 40 年，通信技术已经经历了数代更迭。1G 时代可以语音通信，2G 时代实现了短信交流，3G 时代能够图片传输，4G 时代可以视频聊天，通信技术的发展不仅深刻地改变了人们的联系方式。随着通信技术内涵的不断丰富，其所带来的变化已经不再只有“通信”，当第五代通信技术（5G）开始名声大噪时，人们开始意识到，通信技术已经具有了颠覆传统生活的巨大力量，那些曾经只在科幻片中出现的场景正在变成现实。

本书针对 5G 时代全面来临后可能出现或已经应用的典型场景做了一定的说明和描绘，并希望借此带领读者领略 5G 为人类的生产和生活所带来的颠覆性改变。当然，在本书的最后，我们还想为大家展望一下下一代移动通信技术，即 6G 技术的可能特征。

随着时代的变迁，科技对经济增长所产生的内生驱动力量得到了广泛印证，如今世界各国都将科技作为促进国家经济发展的最主要力量，对当前技术的掌握和对未来技术热点的挖掘，也成为各国暗中角力的焦点，5G 绝对不是信息技术的终点，6G 正悄然向人们走来。

5G 商用已经开始，关于 5G 时代乃至后 5G 时代互联网及技术的未来，又可能出现怎样的变化呢？对此，诸多技术专家有过大胆的设想。比如，中国工程院院士、网络通信与安全紫金山实验室主任、北京邮电大学信息与通信工程学院院长刘韵洁对互联网的下半场愿景作出过展望。他表示，今后的网络要智能、柔性，而且是可定制的，也是安全的。同时，他还分享了面向 2030 年的网络技术发展趋势，未来的网络需要支撑万亿级别的人机物互联，而且要是全时空的连接。刘韵洁院士的预测与业界不谋而合，目前普遍的观点是，大约到 2030 年，6G 将会实现商用。现在，让我们立足现在，展望未来，综合当前业界的预测，对 6G 网络的性能特征进行预测和解构。

极简网络

极简网络将会成为未来网络构建的发展目标，当 5G 技术成熟时，万物互联的时代就会来临，在数以亿万计的人机物实现互通互联的情况下，网络架构也需要出现相应的变革。从 1G 到 5G，蜂窝网络[①]在通信技术的发展过程中也在不断丰富自身的内涵，到了 6G 时代，现有的由中心所控制的分层网络很可能无法满足万物互联背景下全方位通信的需要，由此，必须对蜂窝网络架构进行革新与极简化。

那么，如何才能实现网络架构的极简化呢？也许自然界的蚂蚁能够给我们一定的启示。蚂蚁窝由数量众多的工蚁们构筑

① 蜂窝网络又称移动网络，是一种移动通信硬件架构，分为模拟蜂窝网络和数字蜂窝网络。因构成网络覆盖的各通信基地台的信号覆盖呈六边形，整个网络像一个蜂窝而得名。

与维护，这些工蚁通过不断拓展蚂蚁窝的外延，来实现蚂蚁窝体积的增加。在非洲，最大的蚂蚁窝甚至比人还大，虽说单个蚂蚁的体积相比起蚂蚁窝几乎可以忽略不计，但蚂蚁们在构筑蚂蚁窝这项巨大的工程中，头脑十分清醒，在蚁窝规模扩大的过程中，蚂蚁们分工明确，并保证了蚁窝的高效连通，即蚂蚁从蚁窝的任何一个洞口钻进去，马上就能从另外一个洞口钻出来。

或许，蚁窝构筑的智慧能为人类在后 5G 时代或者说未来的 6G 时代如何架构网络提供灵感，以仿生学的思想思考如何架构网络，实现网络的四通八达、信息的快速传递，并适应网络时代不断演进的信息技术要求，达到自主演进的效果。

柔性网络

近年来，随着 4G 网络的成熟，各大运营商的流量套餐资费开始不断下降，在网络上传和下载速度变快以及流量费用降低的背景下，整个网络的流量呈爆发式增长，而传统网络一般是事先就按照可以支持的最大容量进行设计与规划的，但在数据大爆炸的今天，之前的网络性能已经难以应对庞大业务需求所带来的巨大负荷，如何让网络变得更有弹性，实现资源的快速调度，形成新的网络架构已然成为大势所趋。

按需扩展和自我演进是柔性网络的最大特点，为了实现网络架构的转变，使其“由刚变柔”，网络必须具备以下三个特点：其一，软件定义网络①，具有开放性的接口和软件化的终端。数据控制和数据耦合使得应用升级与设备的更新换代相互独立，加快了新应用部署的速度，从而实现了软件的快速迭代。其二，网络协议的前向兼容性设计。前向兼容性的存在，会让不断出现的新功能的设计和引入，不影响旧版本中已经存在的网元和终端。其三，去小区的网络结构。在5G网络逐渐成熟和未来更新的信息技术中，将会完成由“以小区为中心”向“以用户和终端为中心”的转变，简单来说，就是实现以用户为单位的按需组网，从而满足不同用户的差异化需求，为每一位用户提供更好的体验。

智慧内生

随着5G时代的到来，人工智能也将迎来加速发展期，并得到人们更多的重视。到了6G时代，人工智能技术的应用会变得更为普遍，“网络无处不在，智能无处不显”是未来人们日常生活中将会出现的最明显变化。

在网络与算力形成深度融合的未来，AI的算力将会进一步提升，超越5G时代的边缘计算的概念，彻底成为“算无遗策”

① 软件定义网络（Software Defined Network，SDN），是一种新型的网络创新架构，是网络虚拟化的一种实现方式，其核心技术OpenFlow通过将网络设备的控制面和数据面分离，实现网络流量的灵活控制，使网络作为管道更加智能，为核心网络及应用的创新提供了良好平台。

的泛在智能。在这种情形下，即便是面对随时更新的用户与终端需求，人工智能也能通过自聚焦的方式实现有效满足，在降低成本的同时提升效率，并且在人工智能不断成长的“智慧”下，整个网络的能力和服务能够实现自我迭代和自我优化。

6G 对世界图景的改变

移动通信的出现，改变了人们的交流方式，丰富了人们对世界的认知，而通信技术的进一步发展，不仅推动了移动通信方式的更新，而且具备了促进社会进步、经济发展的功能。都说“4G 改变生活，5G 改变社会”，6G 带来的改变将会更加彻底，甚至说改变世界也不为过。

万物相连，世界“收窄”

未来，在太赫兹等新技术的应用下，6G 网络将会把世间万物通过太赫兹的亚毫米波连接起来。在万物皆通的网络中，每一个可以被感知的事物都可以看作是整个网络中的一个节点，可突破传统网络众多基站中转传播的限制，且几乎不存在以往基站覆盖不到的信号盲区，所有信息仅需要通过少数几个节点便可以进行大范围的传播，从而使信息传播的路径大幅缩短，网络连接也因此得到加强。

“小世界现象”[①] 理论同样适用于 6G 网络，两个没有任何联系的可被感知的事物，通过 6G 网络产生了联系。虽然在 5G 甚至之前的网络中这样的操作同样可以完成，但难免会出现一些传播盲区，导致信息无法准确被传送。而在 6G 时代，这样的烦恼或将不复存在，万事万物仅需通过少数的基站、卫星接力便可以建立起联系，人们也将因此明显地感受到世界的边界已经不再遥远，“地球村”这一概念将真正得以实现。

万物智连，智能在线

6G 技术可以将世界连成一张复杂的联系网，人们的视野得到进一步的拓宽。正如前文所说，“网络无处不在，智慧无处不显”是 6G 网络的主要特征，在人工智能得到极大发展的未来，整个世界的图景也将发生颠覆性的改变。

一方面，6G 连接世界使万物可感。人类所生活的世界就是一个可感知的世界。通过对原本不具备生命的事物安装智能传感终端，赋予其“智慧”，万物都具备了感知与被感知的能力，这种感知的结果，不仅会实时反馈给所接触的用户，同时也将

---

① 匈牙利作家考林蒂（F. Karinthy）在 1929 年提出“小世界现象”论断，认为地球上任何两个人都可以平均通过一条由 5 位联系人组成的链条联系起来。20 世纪 60 年代，美国社会心理学家斯坦利·米尔格拉姆（Stanley Milgram）通过设计连锁信件实验，提出著名的“六度分隔假说”，大意为任何两个欲取得联系的陌生人最多只需通过 5 个人，便可完成两人之间的联系。

上传至云端永久地存储，并通过强大的算力进行计算与分析，实现智能设备的自我演进，更好地为人类服务。

另一方面，在万物实现了智能连接的背景下，整个世界也将成为一个理想的数据世界。在 6G 时代，大数据、人工智能和云计算等技术将得到进一步发展，万事万物共同组成了一张巨大的联系网，这种联系不是抽象意义上的，而是实实在在进行的数据交流。在将万事万物都进行数据化处理之后，物理世界也将转变为数字世界，过去的场景和事物可以通过数据实现虚拟还原，远方的事物也能呈现在人们的眼前，时间和空间的限制被打破，人类活动的边界得到延展。

另外，受到各种条件的限制，人类的感知能力和实践范围总是有限的，但在 6G 网络下的数据交流，可帮助人类突破这种限制，数据往往能够客观地反映事物的真实信息，通过人工智能等技术，人类得以对整个世界的数据信息形成分析和判断，经验不断拓宽，认知不断丰富，整个人类社会的智慧也将得到增长，真正实现“大成智慧”①。

信息革命已至，数据未来已来

虽说 5G 技术尚处于早期阶段，但部分国家或组织对“后

① 中国著名科学家钱学森曾提出过“集大成、得智慧”的大成智慧理论，他认为，只有将人类的历史经验、实践经验以及各种知识结合在一起，并通过综合和分析判断，才能上升到智慧的高度。

5G”或者 6G 的研发早已开始。2017 年 9 月，欧盟率先启动了为期 3 年的 6G 基础技术研发工作；2018 年 9 月，在洛杉矶举行的美国移动世界大会（MWCA）上，美国联邦通信委员会（FCC）首次在公开场合展望 6G，并于 2019 年 3 月正式决定开放“太赫兹波”（THz）频率段，启动关于 6G 的研究；2019 年 1 月，韩国 LG 公司宣布开启 6G 技术的研究；2019 年 8 月，中国华为公司在位于加拿大渥太华的研究中心中开启了关于 6G 的研究；2019 年 11 月 3 日，中国科技部会同多个部门在北京召开了 6G 技术研发工作启动会，并宣布成立国家 6G 技术研发推进工作组、国家 6G 技术研发总体专家组。

科技是第一生产力，创新是引领发展的第一动力。21 世纪，科技不仅是驱动国家经济发展和社会进步的重要引擎，更是国际竞争中掌握主导权的有力工具。未雨绸缪方可运筹帷幄。我国和其他国家对 6G 提前布局、展开研究，一方面将会促进本国技术与经济的进步，另一方面也会促成各国在竞争中展开合作，从而推动人类文明不断向前发展。

当然，无论是已经到来的 5G，还是尚在路上的 6G，甚至更新的信息技术，都不是人类追求的终点。我们始终相信，从前、现在、未来，人类永远不会放弃对科技的勇敢探索，更不会停止对美好生活的向往。

参考文献

[1] 3GPP. 5G system network data analytics services stage 3. TS 29. 520 (CT3), 2018. http: //www. etsi. org/deliver/etsi ts/129500 129599/129520/15. 00. 00 60/ts 129520v150000p. pdf.

[2] 3GPP. LTE Enhancements and 5G Normative Work. Release-15, 2018. http: //www. 3gpp. org/release -15.

[3] Gonzalez MC, Hidalgo CA, Barabasi AL. Understanding individual human mobilitypatterns [J] . Nature, 2008, 453 (7196): 779.

[4] Goodall R, Fandel D, Allan A, Landler P, Huff H. Long term productivity mechanisms of the semiconductor industry [J] . Semiconductor silicon 2002 proceedings, 9th edn. Electrochemical Society, 2002.

[5] Morgan J, A simple explanation of 'the internet of things' [J] . Forbes, 2014.

[6] Sezer S, Scott-Hayward S, Chouhan PK. Are we ready for SDN? Implementation challenges for software-defined networks. IEEE Commun Mag, 2013 (51): 36—43.

[7] 蔡翠红 . 国际关系中的大数据变革及其挑战 [J] . 世界经济与政治, 2014 (5): 124—143, 159—160.

[8] 柴蓉, 胡恂, 李海鹏, 蒋桂香 . 基于 SDN 的 5G 移动通信网络架构 [J] . 重庆邮电大学学报 (自然科学版), 2015, 27 (5): 569—576.

[9] 车品觉 . 决战大数据: 大数据的关键思考 [M] . 杭州: 浙江人民出版社, 2016.

[10] 陈冠臻 . 浅析大数据与 5G 通信 [J] . 通讯世界, 2019, 26 (2): 67—68.

[11] 陈火全 . 大数据背景下数据治理的网络安全策略 [J] . 宏观经济研究, 2015 (8): 76—84, 142.

[12] 陈其安, 张媛, 赖琴云, 陈亮 . 中国股票市场"异常现象"及其产生原因——基于噪音交易分析 [J] . 重庆大学学报 (社会科学版), 2009, 15 (6): 27

—34.

［13］郭亮，张煜．数字孪生在制造中的应用进展综述［J/OL］．机械科学与技术．［2020—03—26］．https：//doi. org/10. 13433/j. cnki. 1003—8728. 20190156.

［14］郭晓蓓，蒋亮．5G 与金融的融合路径与应用场景研究［J］．西南金融，2020（1）：12—22.

［15］何大安．金融大数据与大数据金融［J］．学术月刊，2019，51（12）：33—41.

［16］胡晶．工业互联网、工业 4.0 和“两化”深度融合的比较研究［J］．学术交流，2015（1）：151—158.

［17］景通桥．互联网＋精准农业［M］．北京：中国纺织出版社，2018.

［18］兰国帅，郭倩，魏家财，杨喜玲，于亚萌，陈静静．5G＋智能技术：构筑“智能＋”时代的智能教育新生态系统［J］．远程教育杂志，2019，37（3）：3—16.

［19］李金华．新中国 70 年工业发展脉络、历史贡献及其经验启示［J］．改革，2019（4）：5—15.

［20］李秀峰，陈守合，郭雷风．大数据时代农业信息服务的技术创新［J］．中国农业科技导报，2014，16（4）：10—15.

［21］李正茂，王晓云，张同须．5G＋：5G 如何改变社会［M］．北京：中信出版社，2019.

［22］刘雅辉，张铁赢，靳小龙，程学旗．大数据时代的个人隐私保护［J］．计算机研究与发展，2015，52（1）：229—247.

［23］卢迪，邱子欣．5G 新媒体三大应用场景的入口构建与特征［J］．现代传播（中国传媒大学学报），2019，41（7）：7—12.

［24］迈尔-舍恩伯格，库克耶．大数据时代［M］．盛杨燕，周涛，译．杭州：浙江人民出版社，2013.

［25］齐彦丽，周一青，刘玲，田霖，石晶林．融合移动边缘计算的未来 5G 移动通信网络［J］．计算机研究与发展，2018，55（3）：478—486.

［26］史彦军，韩俏梅，沈卫明，WANG Lihui，WANG Xianbin．智能制造场景的 5G 应用展望［J］．中国机械工程，2020，31（2）：227—236.

［27］孙忠富，杜克明，郑飞翔，尹首一．大数据在智慧农业中研究与应用展望［J］．中国农业科技导报，2013，15（6）：63—71.

[28] 汪鹏，吴昊，罗阳，王毅琳，王飞．医疗大数据应用需求分析与平台建设构想 [J]. 中国医院管理，2015，35 (6)：40—42.

[29] 汪玉凯．数字政府的到来与智慧政务发展新趋势——5G 时代政务信息化前瞻 [J]. 人民论坛，2019 (11)：33—35.

[30] 王胡成，徐晖，程志密，王可．5G 网络技术研究现状和发展趋势 [J]. 电信科学，2015，31 (9)：156—162.

[31] 王建民．工业大数据技术综述 [J]. 大数据，2017，3 (6)：3—14.

[32] 王鹏．大数据插上机器学习翅膀为 5G 提供新燃料 [J]. 通信世界，2019 (31)：47—48.

[33] 王钦敏．经济社会发展中的大数据应用 [J]. 地理学报，2015，70 (5)：691—695.

[34] 王勇旗．"5G＋AI" 应用场景：个人数据保护面临的新挑战及其应对 [J]. 图书馆，2019 (12)：7—15.

[35] 王元卓，靳小龙，程学旗．网络大数据：现状与展望 [J]. 计算机学报，2013，36 (6)：1125—1138.

[36] 邬贺铨．大数据时代的机遇与挑战 [J]. 求是，2013 (4)：47—49.

[37] 邬贺铨．大数据思维 [J]. 科学与社会，2014，4 (1)：1—13.

[38] 邬贺铨．迎接产业互联网时代 [J]. 电信技术，2015 (1)：5—11.

[39] 项弘禹，肖扬文，张贤，朴竹颖，彭木根．5G 边缘计算和网络切片技术 [J]. 电信科学，2017，33 (6)：54—63.

[40] 徐子沛，郑磊．善书者成：大数据改变中国 [M]. 北京：人民邮电出版社，2019.

[41] 许欢，孟庆国．大数据推动的政府治理方式创新研究 [J]. 情报理论与实践，2017，40 (12)：52—57.

[42] 许世卫，王东杰，李哲敏．大数据推动农业现代化应用研究 [J]. 中国农业科学，2015，48 (17)：3429—3438.

[43] 杨帆．金融监管中的数据共享机制研究 [J]. 金融监管研究，2019 (10)：53—68.

[44] 杨现民，唐斯斯，李冀红．发展教育大数据：内涵、价值和挑战 [J]. 现代远程教育研究，2016 (1)：50—61.

[45] 尤肖虎，张川，谈晓思，金石，邬贺铨．基于 AI 的 5G 技术——研究方向与范例 [J]．中国科学：信息科学，2018，48 (12)：1589－1602.

[46] 于浩．大数据时代政府数据管理的机遇、挑战与对策 [J]．中国行政管理，2015 (3)：127－130.

[47] 俞立平．大数据与大数据经济学 [J]．中国软科学，2013 (7)：177－183.

[48] 袁磊，张艳丽，罗刚．5G 时代的教育场景要素变革与应对之策 [J]．远程教育杂志，2019，37 (3)：27－37.

[49] 翟雪松，孙玉琏，陈文莉，束永红，史聪聪．5G 融合的教育应用、挑战与反思 [J]．开放教育研究，2019，25 (6)：12－19.

[50] 张娜，马燕，崔桓睿，刘逗逗．大数据技术进展与发展趋势 [J]．通讯世界，2019，26 (2)：78－79.

[51] 张平，陶运铮，张治．5G 若干关键技术评述 [J]．通信学报，2016，37 (7)：15－29.

[52] 张引，陈敏，廖小飞．大数据应用的现状与展望 [J]．计算机研究与发展，2013，50 (S2)：216－233.

[53] 赵树梅，李银清．5G 时代“新零售”服务的创新发展 [J]．中国流通经济，2019，33 (9)：3－14.

[54] 赵晓萌，寇尚伟．农业互联网——产业互联网的最后一片蓝海 [M]．北京：机械工业出版社，2016.

[55] 赵欣欣．中国制造业发展的历史阶段概述 [J]．西部皮革，2016，38 (10)：273，284.

[56] 周济．智能制造是“中国制造 2025”主攻方向 [J]．企业观察家，2019 (11)：54－55.

[57] 朱传波．物流与供应链管理：新商业、新链接、新物流 [M]．北京：机械工业出版社，2016.

[58] 庄建东．汉字起源新说——“仓颉”：结绳记事向符号记事过渡时期的记事方法 [J]．新乡学院学报（社会科学版），2008，22 (4)：105－109.